介護はじまりました

ままならない
アラフィフたち

月野まる

監修
太田差惠子

反抗期男子だった長男と天然マイペース次男のふたりの息子は成人し
反抗期男子
社会人
24歳
マイペース次男
大学生
22歳
やっと解放された気分!
思う存分自分の時間を楽しむぞ~!
イエーイ
解き放たれた~
解き放たれた私は
ランチ
旅行
温泉
友達と出かけたりソロ活したりと自分の時間を楽しんでいた
これから先子どもが独立してくれればもっと自分が自由になっていくものだと
思い込んでいた
次は何しようかな~
わくわく
ある平日の朝
この電話が鳴るまでは…
おとうと
弟から?

LINEじゃなくて電話？？
やな予感がするな
もしもし？
今お母さんから電話があって
腰が痛すぎてひとりでトイレに行けないって…
オレどうしても今から仕事行かなきゃいけないんだけど
姉ちゃん行けない？
弟
何い！
私も今から出勤なんだが⁉
しかも週2しか出勤していないのにその日にかぶるとは！
いやな予感的中

※月野さんは漫画家とパートのWワーク中。

実家まで電車で片道1時間
プアァァン…
ひろみちゃんありがとう!めっちゃ助かったよかわるよ!
まる来たの?
いえいえ困ったときはお互いさまよ~
←弟の奥さん
母は今まで痛いと言いながらもなんとかトイレには行けてました
くぅ~
いたいなぁ…
TOILET
口では痛いと言いつつも車でなら一緒に買い物や外食に出かけたりしていたので
私たちも油断していました
まさか家の中さえ歩けなくなる日が来るなんて…
いつかはそんな日が来るかもしれないと漠然と感じていたけど
考えたくなくてそんな状況から目を背けていた気がする
しかし「そんな状況」は容赦なくやってきた

とうとう今日
支えないとトイレに行けなくなってしまった
あいたたた…
最近は整形外科で痛み止めの薬を出してもらっているのだが
それも効かないようだ
立ち上がると痛むけど救急車を呼ぶレベルじゃない
かといってほうっておいても治るわけでなし
だけどこのままじゃひとりでトイレに行けないわけだからトイレにも誰かがついていないと…
いったいどうしたらいいんだ〜!!
介護は突然やってくるは本当だった

CONTENTS

ままならないアラフィフたち
介護
はじまりました

プロローグ それは突然はじまった! 2

PART 1 親の老い、Xデーは必ずやってくる! 11

対談 太田差恵子さん×月野まるさん
突然やってくる介護。
親子で「共倒れ」しない道を探るって大切なことです 22

PART 2 痛くて、トイレに行けない!? 29

対談 「入院できない」と言われてもあきらめなくていい。
医療ソーシャルワーカーに相談を 42

PART 3 親のおむつと介護ストレス 49

対談 親のおむつ替えはツライ。
「自分には無理」と思ったときがプロにゆだねるタイミング 63

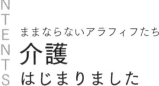

PART 4
介護のイライラどうする？ 69

対談 「施設に入る」というハードルが意外なほど低い月野さんたち。なかなかそれができないんです 81

PART 5
ホーム探しとお金問題 87

対談 「介護は親が払える範囲で」と割り切るのは意外に難しい。親孝行とお金は切り離そう 105

PART 6
高級老人ホームにショートステイ 111

対談 高齢者施設は千差万別。価格が高いからといって「良い施設」とは限りません 122

PART 7
母、なんとか施設に落ち着きました …… 127
対談
「親の介護」は施設入居がゴールじゃない。子どもの役割は続きます …… 139
エピローグ
アラフィフが集まれば介護率100%!? …… 146

Column
私の介護体験談

1 両親は二人暮らしの老々介護。母に何かあったら……私だろうなあ …… 28
2 二世帯住宅を選択しなければ……「嫁が介護する」って当然ですか? …… 48
3 認知症でも「人の手は借りない!」。遠方に住む父の介護に奔走した8カ月 …… 68
4 「近くにいる人、気づいた人が介護する」それができるのは私だけ? …… 86
5 冷凍庫からうなぎパックが50袋も。認知症の母は何を思っていたのだろう …… 110
6 施設入居で20キロやせた父。弟の苦渋の決断を否定できず悩む …… 145
あとがき …… 151

【登場人物紹介】

まるさん

アラフィフのマンガ家。かつては反抗期だった2人の息子たちが成人し、今は自分の時間を楽しんでいる。

お母さん

83歳。16年前に夫が亡くなってからひとり暮らし。運動好きだったが、ここ1～2年あちこちの不調を訴え始める。

弟

母の家の近くに住む。ときどき母の様子を見に行って、重いものを運んだり買い物を手伝ったりしている。

妹

まるさんと一緒に月に2回程度、母の家に行ったり買い物や外食したりと、親子で仲よく楽しく過ごしている。

PART 1

親の老い、

Xデーは

必ずやってくる！

私の母は83歳
16年前に父が亡くなってから
ひとり暮らしをしていました
子は私と妹と弟の3人きょうだい
弟の家は母の家の近くだったので男手が必要なときは行ってあげていたようです
水買ってきたよ〜
ありがとう
そして私と妹は月に2回程度母の家に行ったり買い物や外食などしていました
母は運動は好きだったので父が亡くなってから軽いスポーツジムにずっと通っていましたが
ふんぬっ
星野さん若いわ〜!
変形性股関節症で
5年ほど前に手術をしました
人工関節を入れました

術後は地域包括支援センターにお世話になり手すりなどの介護用品を借りたりリハビリに通いジムにも復帰
帰りにお茶していかない?
いーわね
順調に過ごしていました
しかしここ1〜2年あたりから
腰が痛い
朝は膝が痛い〜
あちこちの不調を訴えるように
とはいえそれでも薬や注射で痛みを抑えて日常生活もこなせるし
かかりつけの病院では
内科クリニック
それはね〜
年だから!ある程度はしかたないのよ〜
みんなそうなの!
も〜先生ったら
あははは
と言われるので年齢的なものだと思ってあきらめていました

そして動けないと電話がかかってくる2カ月ほど前
腰の痛みが強くなったので整形外科を受診
ほねおり整形外科
イタタタ…
いつもの痛み止めが効かないんですよ
レントゲンを撮ったところ
むむぅ～
ヒビが入ってますね～
圧迫骨折が発覚
まぁ1カ月半もすればよくなってくるでしょう
コルセットちゃんとしてくださいね！
うう！
苦しいのよね～アレ…
骨折してる間母は買い物に行けないので私と妹と弟でせっせと交代で買い出しに行っては食べ物を運んでいました
えっほ
えっほ
えっほ
水

その後
骨折から1カ月半がたち
医者からも治っていると
言われたのですが
まだ痛みがあるというので
ジムもずっと行けてない母
ジムも行けないし
ひとりがさみしい…
どよ〜ん
デイサービスとか行ってみれば？迎えにも来てもらえるし友達もできるかもよ！
介護認定で要支援になれば利用できるはず！
そうね行ってみたい
というわけでさっそく市町村の窓口に連絡して訪問調査に来てもらいました
こんにちは〜
お母さま歩けるしおそらく要支援1か2だろうと思いますよ
あと認定がおりるまで4週間はかかります
ガーン
そんなに時間かかるのか〜！
早くデイサービス行かせてあげたいのに〜！
と思っている矢先に
あの電話が…
ひとりでトイレにも行けない

話は電話があった時点に戻り…
どうしよう
今からかかりつけの整形外科に連れてく？
でも予約ないと3時間待つし…
う――――…ん
そういえばここのすぐ近くに地域包括支援センター※があったよね！
ポンッ
地域包括支援センター
前に母が股関節を手術したときに相談したことがある
地域包括支援センター
わらにもすがる思いで予約なしで飛び込んだ
予約もなしにすみません！
すると以前担当してくれた職員の方が話を聞いてくれた
あらぁ
お母さま大変ですね
心配ですよね…
こちらへどうぞ
介護施設

※22ページ参照

なるほど
じゃあ
要介護認定は
申請してるんですね?
はい
でも結果が送られて
くるのが4週間後と
先週言われて…
しかも要介護認定の
面談のときはまだ
歩いたりできていたので
要支援くらいかもしれないと
言われました
う〜ん
まだ認定がおりていない
となるといろいろと
先に進むのが
難しいですね…
万が一ですが
認定がおりなかった場合
自費になりますが…
ん… そうなんですか…
とりあえず
起き上がるのが大変なら
介護ベッドだけでも
入れてみますか?
少しでも楽な姿勢が
とれるかも
しれませんよ
レンタルなら
安いですし
お願いします
その日の夜
予想どおり
私は泊まることに

母は9時には眠くなってしまい寝てしまった
とりあえず自分の部屋のベッドで就寝
母の部屋
私はこんな時間に寝たら2時とか3時に目が覚めちゃう
午前0時ごろ
プッ
さて私もそろそろ寝ようかな〜
ガタッ
ふらふら
何？あ？トイレッ!?
イタタタ
ダメだ…ズボンおろして〜
出そう！出そう〜！
ちょちょちょちょ待って待って！
チョロリロリン…
トイレ行くのもひと苦労だなぁ
ふっ

なんか
……
もんもん
いろいろ考えたら眠れなくなった…
もう3時だ！早く寝なきゃ！
ダメだ…寝ようと思えば思うほど眠れない！
ガッ
チッ
チッ
チッ
チッ
なんか…
ぼーー…
ちょっと眠くなってきたかも…
ああ
うと
うと
やっと眠れ…
まる〜…

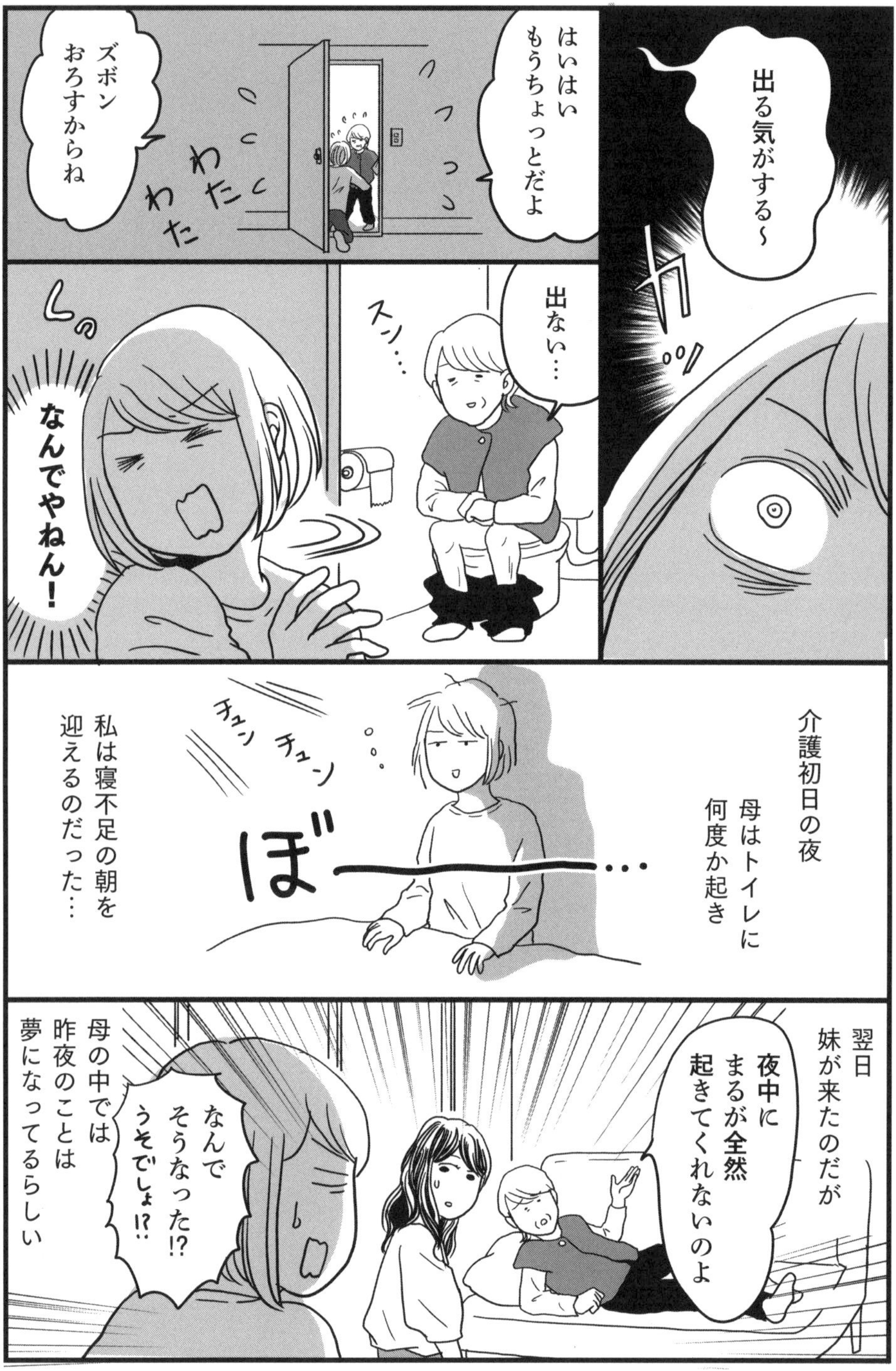
出る気がする〜
はいはい もうちょっとだよ
ズボン おろすからね
わたわた
出ない…
スン…
なんでやねん！
介護初日の夜 母はトイレに 何度か起き
チュン チュン
ぼーーー…
私は寝不足の朝を 迎えるのだった…
翌日 妹が来たのだが
夜中に まるが全然 起きてくれないのよ
なんで そうなった!? うそでしょ!?!
母の中では 昨夜のことは 夢になってるらしい

あの頃は
楽しかったね。

突然やってくる介護。親子で「共倒れ」しない道を探るって大切なことです

太田　マンガを最後まで楽しく読ませていただきました。ご家族にとってはとても大変な日々だったと思うのですが、明るい気持ちで読むことができました。

月野　うれしいです。ありがとうございます。

太田　月野さんはご家族の仲がとてもよく、テキパキ決断していて行動も早い！　なかなかこうは動けません。

月野　そ……そうですか？　自分としては突然始まった介護にあわてふためいていただけなんですけど。

太田　でも、ちゃんと**地域包括支援センター**に相談に行っています

Adviser

介護・暮らしジャーナリスト

太田差恵子さん

30年以上にわたり老親介護の現場を取材し、「遠距離介護」「仕事と介護の両立」「高齢者施設」などの情報を発信する。AFP（日本FP協会認定）資格も持ち「介護とお金」にも詳しい。

●**地域包括支援センター**
高齢者が住み慣れた地域で、安心してその人らしい生活を継続することができるように、支援する総合機関。各市区町村が設置している。通称は「あんしんすこやかセンター」「長寿サポートセンター」などさまざま。相談料は無料。

よね。どうしていいかわからないときに駆け込む場所としては、ベストです。存在をご存じだったのですね。

月野　ラッキーなことに、実家から歩いて50歩くらいの場所に地域包括支援センターがあったんです。以前、母が股関節の手術をしたときにも相談に乗ってもらえた記憶があったので。

太田　地域包括支援センターは全国にあり、中学校の学区に1つくらいの割合で設置されているんです。月野さんほど深刻でなくても「高齢の親がひとり暮らしで心配」など、気になることがあれば相談できます。住所地ごとに管轄が決まっているので、親の担当のセンターを確認しておきたいですね。困ったときは相談を！　電話でもよいと思います。

月野　そうなんですね！　親の介護が始まるまで無縁の世界なので、知識ゼロでした。知り合いは「介護用品レンタル」の店に飛び込んで、「どこに相談すればいいですか」って聞いたそうです（笑）。

太田　**高齢者へのサービス**を担うのは、基本的に各自治体なのです。多くの自治体では**「高齢者のしおり」**とか、「便利帳」などの名称

●高齢者へのサービス
自治体（市区町村）は高齢者向けにさまざまなサービスを用意している。困ったときの相談窓口、生きがいづくりや社会参加、健診や医療相談、介護保険の認定や介護予防、生活支援サービスなどがある。料金は安く、無料のものも。

●「高齢者のしおり」
多くの自治体は、高齢者向けのサービスを印刷物にして紹介、市民に提供している。

の印刷物を配っています。そこに介護のことで相談できる窓口やサービスが載っています。自治体のホームページからダウンロードできるところもあります。

月野　自分の住む自治体が出しているサービス一覧の冊子はあるんですが、親の自治体のものが必要ですね。ホームページで調べてみます！

太田　ところで、お母さまが数年前に手術をされたときには、**介護保険のサービス**は利用していたのですよね？

月野　はい。**要介護認定**を受けました。たしか要支援１で介護用品をレンタルしたんですが、すぐ使わなくなったので**更新**しなかったんです。あのまま要支援を続けていたら、今回もすぐにヘルパーさんなどをお願いできたんでしょうか？

太田　できたかもしれません。高齢の方は突然症状が悪化することもあるので、「もう大丈夫」と思っても細く長くつながり続けることも大切です。でも、お元気になられれば、「自立」となるので、介護保険については非該当で、サービスを使えなくなっていたかも

●介護保険サービス
介護保険を使って利用できるサービスのこと。訪問介護、訪問入浴、訪問看護、訪問リハビリ、通所介護（デイサービスなど）など種類が多く、ケアマネジャーと相談しながらケアプランを作成する。利用するための自己負担は所得によって1～3割。

●要介護認定
介護保険サービスを利用するためには、支援や介護が必要だと認定を受ける必要がある。結果は、要介護1～5、要支援1・2の7段階、もしくは非該当。区分ごとに使えるサービスの量が変わる。

●要介護認定の更新
要介護認定には有効期限がある。初回（新規）の認定有効期間は、原則6カ月。有効期間を過ぎると効力がなくなるため、更新が必要。手続きはケアマネジャーが行ってくれる。

しれません。月野さん、自治体の**「総合事業」**って知っていますか？

月野　いいえ、初めて聞きました。

太田　これは介護保険とは別の自治体独自のサービスで、要介護認定を受けなくても利用できるんです。なかでも27ページの図の「介護予防・生活支援サービス事業」の利用が認められれば、**ホームヘルプサービスやデイサービス**を利用できます。具体的な内容は自治体で違いますが、多くは介護保険で利用するのと同じくらいの自己負担です。一般的な所得の方だと、1回数百円で利用できます。

月野　安い！　そんな金額でヘルパーさんにお願いできるなんて、想像もしませんでした。情報を知っているか知っていないかだけで、介護にかかる負担の重さが違いますよね。

太田　でも何も始まらないうちに準備をするのは難しいですよね。アラフィフ世代は仕事や育児などで忙しいですから。大事なことは、親がいままでどおりには暮らせないとわかったときに、どんな体制づくりをするのかということです。介護は1つのプロジェクト。一緒に支援するメンバーが誰かと考え、役割分担し、話し合いながら

●自治体の総合事業
正式名称は「介護予防・日常生活支援総合事業」。市区町村が主体で行う事業で、地域の高齢者の実情に合わせて必要なサービスを提供している。窓口で申請し、チェックリストなどで「生活機能が低下している」と認められれば、訪問型サービス（ヘルパーの利用）や通所型サービス（デイサービスの利用）などが受けられる。

●ホームヘルプサービスやデイサービス
⇒67ページ参照

進めることが大事です。

月野　うちはきょうだい3人で進められたけれど、ひとりっ子の人やきょうだい仲が悪い人は大変だな、と思いました。

太田　家族だけでなんとかするのではなく、介護保険や総合事業を利用して味方を増やしていくことが大切です。私たちは**介護保険料を支払っている**んですから、遠慮する必要はありません。必要なサービスをしっかり利用して共倒れしない道を探りましょう。

●介護保険料

介護サービスを利用した場合、利用者（被保険者）の自己負担は、原則1割。残りの9割について、その50％を公費で、50％を第1号被保険者（65歳以上）と第2号被保険者（40～64歳）が支払う保険料でまかなっている。第1号被保険者は原則、年金から天引き。第2号被保険者は加入する医療保険（健保組合、全国健康保険協会、市町村国保など）の保険料と合わせて保険者に納付。

介護保険・総合事業を利用するには

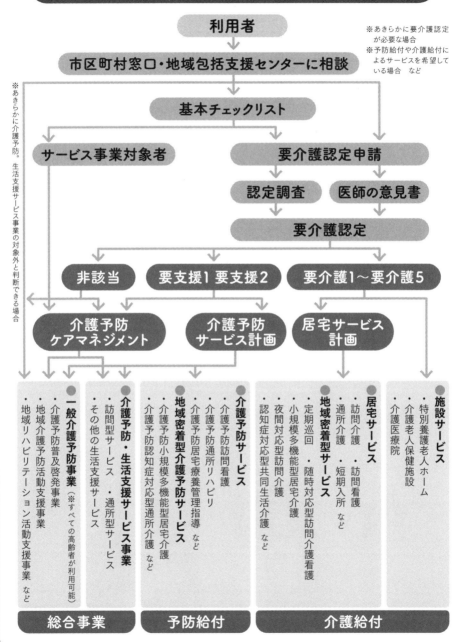

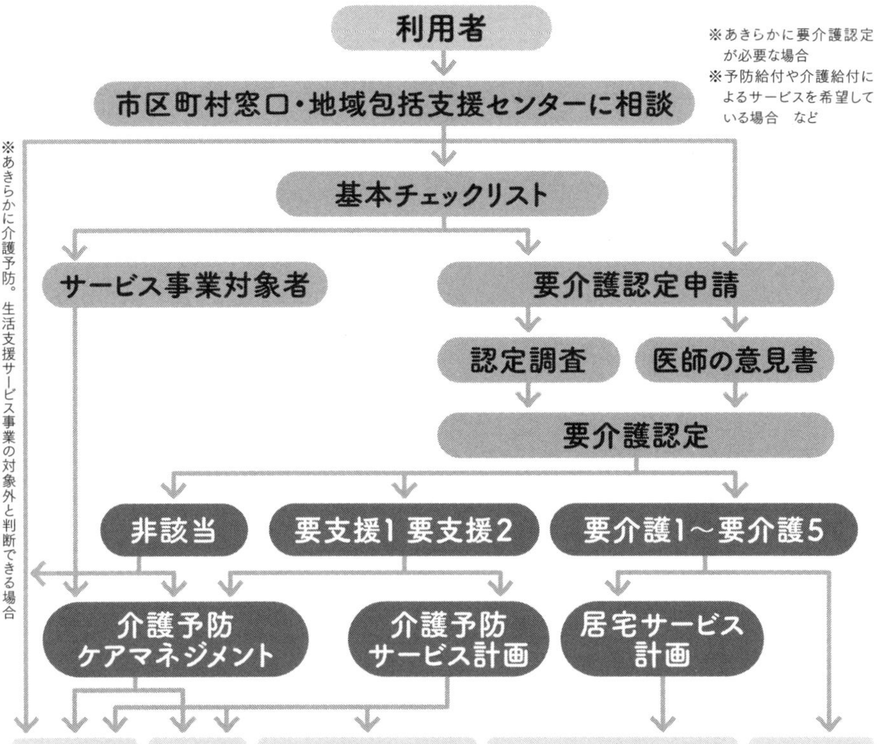

出典：厚生労働省老健局「公的介護保険制度の現状と今後の役割」（平成30年度）

両親は二人暮らしの老々介護。母に何かあったら……私だろうなぁ

アイコさん（52歳）東京都在住
父（84歳）母（80歳）埼玉県在住／夫婦二人暮らし

半年ほど前、隣県に住む父が突然入院し、心臓の手術を受けました。病院で「退院に備えて入院中に要介護申請をしたほうがいい」と言われ、市役所に申請しました。ただ、入院した病院は父の自宅から車で2時間以上の距離。市役所の担当者と連携がとれず、認定調査にも手間取り、認定がおりるまで2カ月以上かかってしまいました。

退院後は在宅介護を受け、週2回デイサービスに通っています。主たる介護者は母ですが、父が入院したことで想像以上に母が落ち込んでしまい、食欲もなくしてしまいました。父が入院してからの3カ月は、月の半分くらいは実家で泊まり込み、書類を書いたりケアマネの選定をしたりサポートしました。現在は私が月2回、九州に住む姉が月1回帰省して支えていますが、姉は義両親を介護しているので、なんとなく「アイコ、よろしく」の空気。

私はひとり暮らしだし、母が要介護になったら……介護するのはきっと私なんだろうなぁと感じています。自分の人生と親の介護のバランスをどうとるかが目下の課題。と言いつつ、意を決してペーパードライバー講習を受け、父の病院の送迎を手伝っている私です。

PART 2 痛くて、トイレに行けない!?

介護2日目
母は以前から何度も腰が痛いと言っていたので
内臓も疑ってみる?
もしかして何かの病気かもよ?
そうだね
一応内臓のほうも検査してもらおうよ
と
妹と話していて翌日内科に行くことになっていた
しかし妹はこの日やはり仕事があったので私ひとりで連れていくことになっていた
カーシェアも予約しておいた
RENT A CAR
予約済
しかし母のこの状況では車に乗せて行ったところで
いたたた
いたいいたい
駐車場から歩くの無理じゃない!?
いた〜い〜ひ〜
というわけで弟の奥さんのひろみちゃんに母をみてもらうために少しだけ来てもらって
ひろみちゃんほんとありがとう!
困ったときはお互いさまです♪

その間に
ホームセンターに
車いすを買いに行った
home center
とりあえず
あまり重装備ではない
ベーシックなやつを
買ったのだが
レンタルでも
当日持ってきて
くれるのをあとで知り
レンタルにすれば
よかったと後悔
即日OK
リクライニング
CHANGE
ハンドブレーキ付
CHANGE
レンタルなら
途中で変更する
こともできるし
レンタル料も
安いみたいです
妹の軽自動車には
箱ごと入らず
箱から出してなんとか
持ち帰る
明日
私が借りる車に
入るかな〜?
車いす
翌日
車の大きさの
心配より
もっと心配なことが

私の雨女がこんなときに発動！
ザァァァァ
なんでぇぇ!?
ひとりで母を連れていく予定だったけど
ひろみちゃんが車を出して一緒に行ってくれた
神か!!
はい のって！
ひろみちゃんの車は大きい
ありがたや〜
今回はひとりじゃ無理だったよ！
ザァァァァ
メディカルプラザ
みみはなのどクリニック
内科クリニック
整形外
クリニック
処方せん
内科で触診や血液検査CTも撮ってもらったところ…
内臓は至って元気ですね
私は整形外科医ではないのではっきりとは言えませんけど…
やはり痛みの原因は骨のゆがみが大きいんじゃないですか？

ここまでゆがんでいると手術も難しそうですね
はい 整形外科の先生にもそう言われました
やはり薬で痛みを抑えてごまかすしかないのか…
診察が終わり会計で5分ほど待たされる
会計
まだなの？
腰が痛い！
え？もうがまんできない？しかたないいすに横になる？
横になるも…
ねぇ？
まだなの!?
いやまだ7分…
お姉さん会計してて
私が先にお母さんを家に送って行くよ
いたい〜
助かる〜
ひろみちゃんごめんね
ありがとう〜

ふ～
今日はひろみちゃんがいてくれて助かった…
ひとりだったらてんてこ舞いだったよ
ありがとう～
迎えに戻ってきてくれた
お姉さん乗って!!
そうだ
もう当分泊まることになりそうだから
職場の人に連絡しておこう
たぷ
たぷ
3日分有給休暇を使えば2週間休めるな…
休みます
OK
LINE連絡で休めるホワイトな会社である
そして今日も私は実家に泊まる
よし
今日は早く寝るぞ
ま…
まる～
ん
あ…?

ああ
トイレね
ちょっと待って！
起きられる？
う〜…!
あいたたた！
ひ〜
痛い痛い！
昨日より
痛いみたいだな
もっと寄り
かかっていいよ
引きずるようにして
やっとの思いでトイレに
あー…
なんでこんなに
痛いの〜？
あいたたた
よいしょ
く〜…
も〜
こんなに
痛いなら
もう死にたい…
う…
ズキッ
心が痛い…
うう〜
どうしたら
いいんだろう
痛い〜！

そして
この夜の
第2戦目
る…るな〜
→姪っ子の名前
パチン
もはや
私の名前ではない！
第3戦目
キヨコォ…
→妹の名前
痛みで
混乱してる!?
今行くよ〜
ねむいよ〜
痛い思いをして
トイレに行っても
出ないこともある
出ない…
スン…
くっ
こんな痛い思いをして
行っても
出ないなんて
報われなさすぎ！
ふんぬっ
いたい〜
いたたた…
しかも毎回
かかえて連れて
いくのも
つらいよ〜

結局この日は夜中にトイレに4回も
朝
げんなり…
またもや眠れなかった…
昨日は4回もトイレに行ったね 連れてくの大変だったよ
しかも痛がったでしょ?
?
え? トイレ行ったっけ?
がーん
あんなに痛がっていたのにまたもや忘れてる!
今年のお正月はみんなで外出して食事会に行ったり
ショッピングモールに一緒に買い物行ったりしていたのに…
骨折がきっかけでこんなにも変わっちゃうものなの!?
しかもここ最近話し方もゆっくりになって言葉もすぐに出てこないようだ
ほらあっち
あそこの
えーっと

あ～
痛い～！
もうこんなん
だったら
生きてても
いやだわ！
ブツブツブツブツ
もう
死にたい
楽に死ぬには
どうしたら
いいの？
ときどき
死にたいモードに
なるので
なるべく深刻な
言い方に
ならないように…
始まった…
スイスに行って
安楽死という方法も
あるけど
ぱあっ
いいじゃない
それ
外国だから
日本語通じないし
あと飛行機で
何時間もかかるよ
それは無理だわ
ぶー
即あきらめた

元気だった母を思うと
なんだか別の人になって
いくみたいで
ぎゅっ
なんとも
せつない気持ちになった
そして最近は
妄想も加速
そうだ
早めに銀行の人に
来てもらって
銀行の口座もひとつに
まとめなきゃね
投資信託とか
NISAも解約しよ
そうだね
お母さ〜ん
証券って
どこにあるの？
銀行の
届出印は
ある？
ぎょっ
!?
しっ！
上の階の人が
聞いてるから！
小さい声で
しゃべりなさい！
上の人に監視
されてるんだから！
え〜？
聞こえるわけ
ないでしょ

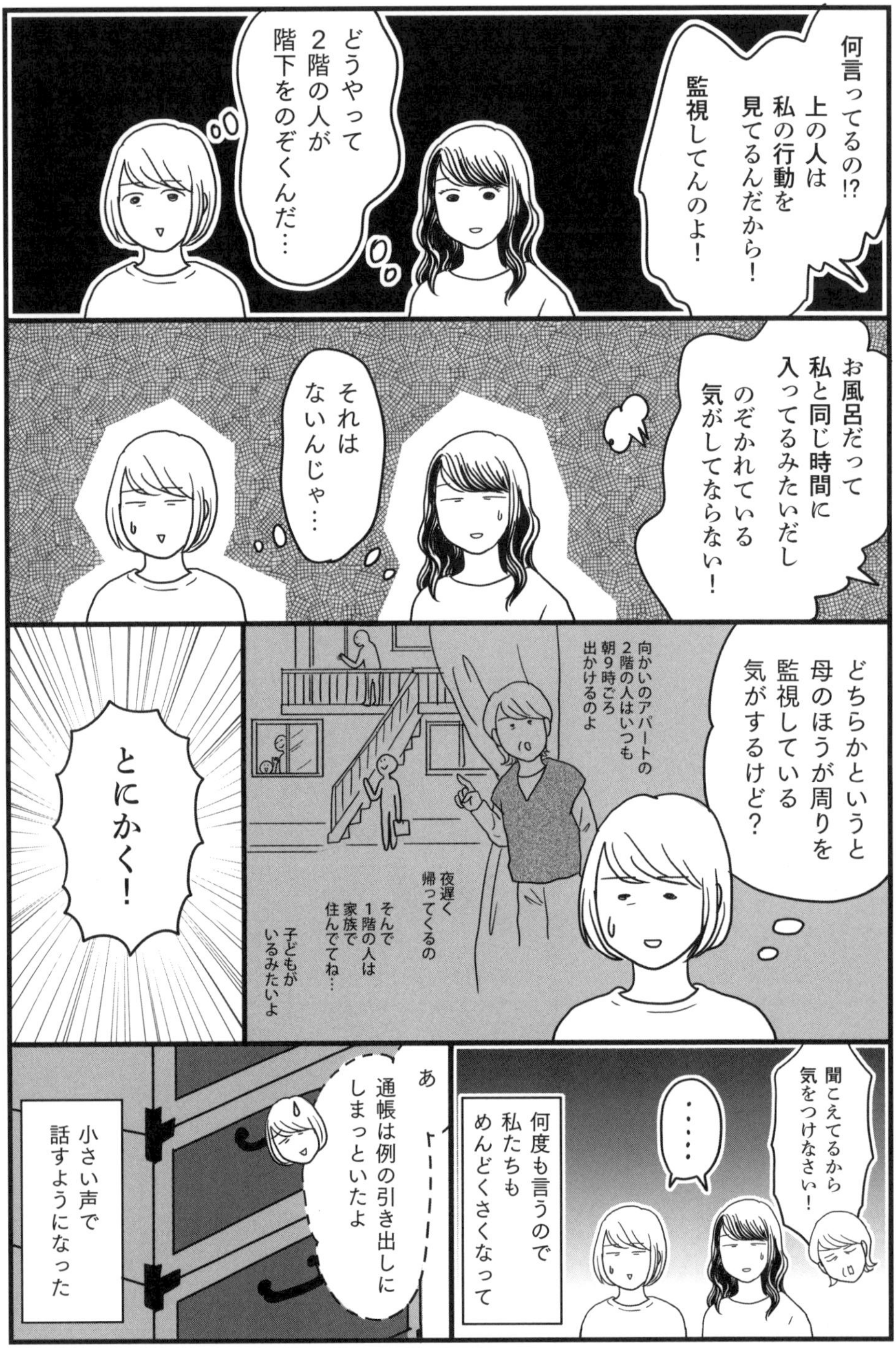
何言ってるの!? 上の人は私の行動を見てるんだから! 監視してんのよ!
どうやって2階の人が階下をのぞくんだ…
お風呂だって私と同じ時間に入ってるみたいだし のぞかれている気がしてならない!
それはないんじゃ…
どちらかというと母のほうが周りを監視している気がするけど?
向かいのアパートの2階の人はいつも朝9時ごろ出かけるのよ
夜遅く帰ってくるの
そんで1階の人は家族で住んでてね…
子どもがいるみたいよ
とにかく!
聞こえてるから気をつけなさい!
……
何度も言うので私たちもめんどくさくなって
あ
通帳は例の引き出しにしまっといたよ
小さい声で話すようになった

友達のお母さんも同じような症状で
うちの母親も上の人に監視されてるから引っ越したいってうるさくて
何度か引っ越したけどどこに行っても結局同じこと言うんだよね
結局精神科にいったん連れていったんだけど
こころのクリニッ
例えばですがエアコンの室外機の音テレビの音など
こういった音がお母さんには人の声となって聞こえてるんでしょうね
と言われたそうだ
調べると遺伝性のものもあると…
確かに母方のきょうだいのおじさんもおばあちゃんもそんな感じだった!
おばあちゃんは被害性の妄想あったしおじさんはよく幻聴ですぐケーサツに通報しちゃったらしい…
遺伝て…
………
うちらもなるかもってこと?
いやぁあああ!

「入院できない」と言われても あきらめなくていい。 医療ソーシャルワーカーに相談を

太田　実際の状況を見たわけではないので断言はできませんが、月野さんのお母さまは入院できたのではないかと思うのです……。

月野　え〜！　母が通っていた整形外科クリニックで「入院させたいんです」って泣きついたのに、ダメだったんですよ。

太田　クリニックでお願いすると、入院設備のある病院を紹介する必要があります。もしかしたら「娘さんが介護できそうだから、わざわざ入院させなくてもいいだろう」という判断になったのかもしれませんね。でも「地域包括ケア病棟」なら受け入れてもらえた可能性はあります。

●**地域包括ケア病棟**
急性期の治療を終えた患者、何らかの理由で一時的な入院を余儀なくされた患者、在宅に不安を感じる患者に、在宅復帰に向けた準備のための支援をする病棟・病院。入院期間は最長で60日まで。

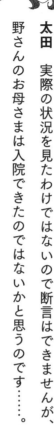

月野　地域包括ケア病棟？　それはいったい何ですか？

太田　その説明の前に、現在の病院のシステムをお話ししますね。重大な病気やケガをすると、まず**急性期病院**で治療をします。治療が終了しても、自宅に戻ることが不安だったり、難しい場合もありますよね。そんなとき、元の生活に戻れるようリハビリをする病院があるんです。1つは**回復期リハビリテーション病棟**。入院対象となる病気や日数はこまかく指定されています。もう1つが地域包括ケア病棟。こちらは、医師が必要と認めれば入院は可能で在宅復帰をスムーズに行うための準備を行うところなんです。

月野　母は入院していなかったんですが、それでも地域包括ケア病棟に入ることはできるんでしょうか？

太田　在宅で医療・介護を受けている方でも、短期の入院療養などが必要になったときに利用することができます。かかりつけ医に相談して、紹介してもらったうえで受診することになると思います。

月野　まさに母のケースに当てはまります！　私が地域包括ケア病棟の存在を知っていれば……。

●急性期病院
通常、病気やけがで最初に入院する病院。容体が安定したら退院、または別の病院に転院となる。

●回復期リハビリテーション病棟
入院できる疾患や入院期間は厚生労働省がこまかく設定。急性期を脱した段階で、集中的なリハビリを行い、低下した能力を回復するための病棟・病院。入院期間は最大180日（疾患や状態で異なる）で、1日最大3時間のリハビリができる。

太田　あとは入院設備のある病院の窓口に相談するというのも1つの方法です。月野さんのお母さまは、以前股関節の手術をしていますよね。ある程度の規模の病院には、医療ソーシャルワーカーが在籍する相談窓口があるんです。「地域連携室」などの名称で呼ばれています。まずは、そういうところに電話して、相談してみる方法もあります。

月野　入院は絶対無理だと思ってあきらめていました。もしも母が入院できた場合、その後の流れはどうなるんですか？

太田　地域包括ケア病棟の入院期間は、最長で60日です。入院前後の段階で介護保険の申請をすれば、退院までに介護保険の認定はおりると思います。

月野　それだけの時間があれば、あわてて施設を探さなくてもすみますよね。ああ、知らないことが多すぎました……。

太田　それでも月野さんは自分の知っている範囲でどんどん決断して動いているのですごいと思います。個人的には、あっという間に車いすを買っちゃったのにも驚きました。行動が早い（笑）。

●医療ソーシャルワーカー
ある程度の規模の病院には、患者や家族のための相談窓口があり、そこに所属している。入院中の悩み事、お金のこと、転院先のことなど幅広く相談に対応する。

●病院の相談窓口
名称は病院ごとに異なるが、「地域医療連携室」などの名称で呼ばれるところが多い。医療ソーシャルワーカーが在籍。

●介護保険の申請
入院中には介護保険のサービスを利用できないが、申請することは可能。申請のタイミングは、医師や医療ソーシャルワーカーに相談を。申請をすると決めたら、地域包括支援センターに行くと、手続きをサポートしてもらえる。

「急性期病院」を退院後の行き先の例

入院
急性期の治療・回復

↓

特別養護老人ホーム（特養）
介護保険の施設（要介護3以上）。重度の要介護の人が多く、看取りまで行うケースが増えている。

介護医療院
介護保険の施設（要介護1以上）。長期的な医療と介護が必要な人が入居する施設。

介護老人保健施設（老健）
介護保険の施設（要介護1以上）。在宅復帰に向けたリハビリを行う。入居期間は原則3カ月。

回復期リハビリテーション病棟
365日体制で、1日最大3時間のリハビリを受けることができる。入院できる疾患や日数には制限がある。

地域包括ケア病棟
病状が安定したら、在宅復帰を目指してリハビリをする。入院期間は最長60日。病名は問われない。

自宅復帰
訪問介護（ホームヘルパーなど）や通所介護（デイサービスなど）、在宅医療、訪問看護なども利用できる。

このほかにも行き先の候補はあります。
入院し、症状が安定してきたら医師や看護師、
医療ソーシャルワーカーに早めに相談しましょう。

編集部で作図

月野　あとでレンタルできるって知って、あわてて買わなくてもよかった〜って後悔したんですよ。

太田　はい、車いすなどの大物は、購入よりもレンタルがよいかもしれませんね。使い勝手もいろいろで、初めてだと、どれを選べばよいのか迷ってしまいます。介護保険で要介護認定を受ける前の段階だと地域の**社会福祉協議会**に聞いてみるのもおすすめです。短期間、無料で貸し出ししている社協さんがけっこうあるんですよ。

月野　そうなんですね。

太田　ところで、月野さんはお母さまの健康保険証・介護保険証や**お薬手帳**の保管場所などは知っていましたか。

月野　あ、それはわかっていました。何度も母の病院のつきそいをしていたし、母はキッチリ整理整頓する人なので。

太田　それはすばらしい。あと、おひとり暮らしならなおさら、入院に備えた「**入院バッグ**」をつくっておくといいですよ。いざというときに、それを持って救急車に乗ればいいように。

月野　あとですね……母の認知機能の低下が気になるんです。あり

●社会福祉協議会
通称「社協」。地域の福祉に貢献することを目的に、都道府県、市区町村ごとに置かれた民間の非営利組織。有償ボランティアの仕組みを作り市民に提供するところが多い。成年後見制度などのことも相談可。車いすなどのレンタルなど、社協ごとにさまざまな事業を展開。

●お薬手帳
薬の服用履歴、既往症、アレルギーなどを記入する手帳。すべての薬情報を1冊にまとめ、薬局などでそのつど記入してもらう。サプリなどについても記載できる欄がある。

●入院バッグに入れたいもの
□前開きのパジャマ、下着
□洗面道具類
□カップ、食器
□タオル類
□ルームシューズ
□必要最低限の日用品
□小銭
など

もしない妄想が多いって、認知症でしょうか。

太田　何とも言えませんが、病気からせん妄になる高齢者は少なくないようです。もしも「認知症かも？」と心配なら、左のチェックリストが参考になるかもしれません。不安があれば、早めに認知症の専門医を受診しましょう。専門医の所在がわからないときには、地域包括支援センターに聞けば教えてくれると思います。

もしかして認知症？ と気になったら～早期発見の目安

●もの忘れがひどい
- [x] 今切ったばかりなのに、電話の相手の名前を忘れる
- [ ] 同じことを何度も言う・問う・する
- [ ] しまい忘れ置き忘れが増え、いつも探し物をしている
- [ ] 財布・通帳・衣類などを盗まれたと人を疑う

●判断・理解力が衰える
- [ ] 料理・片付け・計算・運転などのミスが多くなった
- [ ] 新しいことが覚えられない
- [ ] 話のつじつまが合わない
- [ ] テレビ番組の内容が理解できなくなった

●時間・場所がわからない
- [ ] 約束の日時や場所を間違えるようになった
- [ ] 慣れた道でも迷うことがある

●人柄が変わる
- [ ] 些細なことで怒りっぽくなった
- [ ] 周りへの気づかいがなくなり頑固になった
- [ ] 自分の失敗を人のせいにする
- [ ] 「このごろ様子がおかしい」と周囲から言われた

●不安感が強い
- [ ] ひとりになると怖がったり寂しがったりする
- [ ] 外出時、持ち物を何度も確かめる
- [ ] 「頭が変になった」と本人が訴える

●意欲がなくなる
- [ ] 下着を替えず、身だしなみを構わなくなった
- [ ] 趣味や好きなテレビ番組に興味を示さなくなった
- [ ] ふさぎ込んで何をするのも億劫がり、いやがる

気になることがあれば専門医に相談してもいいでしょう

出典：公益社団法人認知症の人と家族の会

二世帯住宅を選択しなければ……「嫁が介護する」って当然ですか？

ONIYOME さん（50 代）東京都在住
義父（84 歳）東京都在住／二世帯住宅で同居

どうして私は若いころ、夫の「二世帯住宅を建てたい」という希望を受け入れてしまったのか……いま本当に後悔しています。

義父は 10 年ほど前から認知症を疑う症状があり、義母が亡くなってから急激に悪化しました。認知症のせいでできないことがどんどん増えるのに、「自分は介護を受ける状態ではない！」と言い張りました。なんとか介護保険を申請し認定調査にこぎつけたのですが、義父は調査員がくる前日から面接の準備と練習をし、調査員に本来の姿が見せられませんでした。それでも要介護２と認定され、週５でデイサービスへ。ところが本来の人見知りが発動してデイサービスを拒否。現在は訪問介護のみです。

義父は怒りっぽくなり、人相も変わってしまい、家族としての愛情も薄れています。私自身も更年期と重なり、介護どころではない日もあります。義妹は関西在住で頼れません。夫に相談すると「放っておけ」と言うのですが、それができないから困っているのです。ご近所の人に会うと「おじいちゃんどう？」「面倒見てあげてね」「がんばって」と挨拶がわりに言われます。二世帯住宅にしてしまったせいで、「嫁が介護して当然」と思われるのが不愉快で、悲しいのです。

PART 3

親のおむつと介護ストレス

地域包括支援センターの人が手配してくれた介護用ベッドが届く
ピンポーン
いちばんグレードの高いベッドをお願いしました
ウィ〜〜ン
おお〜!
ピッ
おお〜電動で起き上がる〜
介護認定がおりてのちにわかったのですがレンタル料は月額2000円でした
これを押すと背もたれが起き上がって
こっちを押すと足元が上がる
上
下
頭
足
連動
高さ
簡単だから自分でできそうだね
ふ〜〜ん…
……
ピ
？？？
電気（部屋の照明）がつかないけど!
なんで!?
これ
どうしてそうなった!?
いやそれベッドのリモコンだから!
大丈夫か!?

ベッド動かないわよ！
え？おかしいな
どれどれ
Try again
………
…ってそこボタンじゃないし！
ボタンとボタンの間の記号が光るのでそこを押してた
ガーン…
簡単なボタン操作もできなくなってる…
まぁいいや…
とりあえずベッドにすわってみようか
どう？少しはラク？
いや痛いよ…
あいたた…
ガチャン!!
ええ〜…
姉ちゃん〜
おむつパッド買ってきたよ〜
とりあえずパンツはお試しのやつ

昨夜あまりに
トイレに行くのが
痛いと言うので
いたたたたっ
起きられないっっ
地域包括支援センターに
相談してみた
痛くて動けない
ようだったら
おむつを準備しても
いいかもですね
おむつかぁ…
おむつになんて
できるかな？
不安
おむつ
装着してみた
うぉい
＊ ハハは オムツを てにいれた。
だって
トイレ歩いて
行けそう？
いやぁ
無理！
痛い！
くわっ
ん〜
なんか出るような
出ないような…
もやもや
出たいんだけど
出ない
横向きのほうが
出るかな？
それとも
あおむけ？

いや無理に出さなくていいよ…
もっと気楽に出たいときに出していいから
せっかく介護用ベッドなのにすわっていると痛いのでほとんど寝てる母↓
もやもや
おむつを装着した母は意識が用を足すことに集中してしまった
このときの母の脳内
うーーん うーーん
出た!
出た! 出た気がする!
おお! やったじゃん!
早く! 早く替えて!
汚れて気持ち悪い～
……って…
はっ
そうか私が替えるしかないのか!
まずい! おむつ交換なんて子どものしかやったことない!

ええっと まずは… 持ち上げなきゃだよね？
重たい大人のおむつ替えって何かコツがあるのか⁉
おろ おろ
スマホ スマホ！
スマホどこ置いたっけ？
早く～！
はい はい
こりゃ交換の仕方を調べてる暇もないな！
なんの知識もないままにおむつを交換するために持ち上げようとすると
よいしょ！
重い！
腰やられる⁉
痛い！

あれ？
出てないじゃん～！
あれ？
オナラだった…
あはは！
しばらくして
またもよおし
今度は出ました
はい
次は
右
向いて
母の体を左右に
転がしながら
なんとか
おむつ替え完了
ふぅうう～～～
パサッ
っ…
疲れた～…
重労働すぎる！
しんどい…
世の介護職の皆さんを
リスペクトした瞬間

私が母のところに来てから3日目
食事は妹や弟がお惣菜やお弁当などを買ってきてくれていた
あんなに食に貪欲だった私もここ3日は母とともに食欲ダウン
…
…
あんま食べたくない…
何のお弁当を食べていたのかも今となっては思い出せない
そんなとき
お母さんは私が見てるから姉ちゃんスーパーに買い物行ってくれば?
外出もしてないでしょ?
おお〜サンキュー そうだね 久々に外の空気吸いたい…
まぶし…
ガチャッ
たっ
ああ…
外の光がとても眩しい…!
世界はこんなにも明るいのに…

私の心の中はどんより曇ってる…
はあ
いやいや今日は私の大好きな大型スーパーの惣菜コーナーで
ぶんぶんっ
好きなもの買うんだ～!
そうだ!まる!取り戻せ!
弁当惣菜コーナー
ザザッ
DELICA
食欲を!
…あれ?
全然食べたいと思うものがない…
いつもはいろんなお惣菜を見るとテンション上がってあれもこれも食べたい!ってワクワクするのに…
テンション…
なんだこれ
どうしちゃったんだ私…!

ダメだ…
ガーン
3日で…
−2kg
食欲が落ちて
体重も落ちてきた…
共倒れになったら
どうしよ〜
どよ〜ん
まる〜
この水ぬるく
なったから
ちょっと温めて
え〜
さっき温めた
ばかりじゃん〜
冷たいと
飲みにくいのよ
ぬるま湯くらいが
いいのよ
も〜
早く飲まないから
冷めちゃうんだよ
イラァ…

ねえ
ちょっと!
そのシャツはそこに干すんじゃないのよ あっち!
乾きゃどこでも一緒でしょうが!
その紙は横向きにして
新聞紙 〇月〇日
90°
もぉ〜 縦でも横でもどっちでもいいって!
となりの部屋の雨戸は閉めた?
うん閉めた閉めた
めんどくさ! 使ってない部屋だからそもそも開けてもいないけどね
あぁああああ…っ
身内だからこそ言いたいこと言っちゃうのはわかるけど…

めっちゃストレスたまる!
MAX
ストレス
ギュイイーーン
そして夜
午前0時過ぎ
うとうと。。
やっと眠れそう…
まる~
出た(おしっこ)
ぱちっ
うぉ~今かい!
あら
もう7時?
起きる時間だわ
いや!
12時半過ぎだから!
似てるっちゃ似てるけど
外真っ暗だよ!
母にはこう見える
実際はこう
はい次
右向いて
その後しばらく
ベッドのリモコンの
光を押す母
ボタンではなく
光だけ押してる↓
ガサゴソ
もう
見ないふりしよう…
ウィーーン
まる…
ウィウィーーン

なんか足のほうが上がっちゃったんだけど～
足元が上がるボタンだからねそれ…
頭のほうを上げたいんだけど
もうすでに少し上がってるよあんまり起こしたら寝づらいでしょ
てかもう寝ようよ！
ウィーーン…
ウィン
……
聞いてない…
リモコンの不要なボタンは
下
頭
上
紙
紙でふさいだ
子どもが小さいころ思い出すな～
ふぅ
さわってほしくないものは隠す
非常ボタンとかプラスチック製のフタで保護してテープを貼る（いざってときにどうかと思うけど）
そしてこの日もおむつにおしっこが出たと
3～4回起こされた

完全に寝不足…
おなかもすかない
いったいいつまで
こんな生活が続くんだろう…
先が見えない…
1週間後の私は
どうなってる?
絶望的な気持ちに
なっていく…

親のおむつ替えはツライ。「自分には無理」と思ったときがプロにゆだねるタイミング

太田　マンガの展開は、月野さんがお母さまのおむつ交換をされる場面に入りました。「**大人のおむつ**ってどうやって替えるんだ?」と一瞬パニックになったものの、「精神的に無理」という状態にはならなかったのですね。お母さまも抵抗せずに**おむつを替えて**もらっていて、どちらもすごいなぁと思いました。

月野　実を言うと、私もちょっと驚きました。母はおむつを嫌がるんじゃないかと思ったんです。

太田　「親のおむつは替えられない」「子どもにおむつを替えてほしくない」という方も多いと思います。そんなときは、プロの手を借

●**大人のおむつ**
インナーとアウターに分かれており、アウターはテープタイプの「おむつ」と、はくタイプの「紙パンツ」の2種類がある。インナーとして尿とりパッドを併用することでモレを防ぎ、交換も簡便になる。

●**おむつ交換**
パンツタイプ、テープタイプ、尿とりパッドなどによって交換方法は異なる。交換方法はおむつメーカーのホームページなどで詳しく紹介している。"その時"にはゆとりはないため、事前に見ておくと安心。

りましょう。介護保険を利用できます。頻度が少なければ、居宅サービスでホームヘルパーに交換をお願いできますが、頻度が高くなると、月野さんのところのように施設介護が選択肢になると思います。

月野　わが家の場合、介護保険の要介護認定の申請はしていたんですが、結果が出る前に痛みがひどくなってしまって、間に合わなかったんです。

太田　緊急を要する場合には、**認定結果が出る前でもサービスを暫定的に使える**ケースもありますよ。地域包括支援センターで相談してみてもよかったかもしれませんね。

月野　**認定調査**のときには、母はまだ歩くことができていたんです。それで調査員さんに「要支援1か2、もしかしたら『非該当』かも」と言われたので、介護保険のサービスを利用するのは無理だろうと思い込んでいました。

太田　そうだったのですね。高齢の方は短期間に状況が変わるので対応が難しいですね。

月野　おむつの話に戻るんですが、私の友人の親御さんは、トイレ

●認定前の介護サービス利用

介護保険の申請後、認定結果が確定する前でも、「暫定ケアプラン」に基づきサービスを利用することが可能。地域包括支援センターで相談を。ただし、認定結果が非該当となったり、想定していた要介護度よりも軽くなったりしたときは自己負担が増える。

●認定調査

介護保険の申請をすると、心身の状態や認知症などに起因する問題行動など、74項目について訪問による聞き取り調査が行われる。本人が正確に状況を話さないケースも多いので、できるだけ家族はつきそいたい。

の失敗が増えてきているのに、おむつをつけることをかたくなに拒否しているそうです。とても困っていました。

太田　おむつに抵抗を示す方は非常に多いです。でも最近の大人用**紙パンツ**は性能がよくなっているので、イメージしているおむつとは少し違うかもしれません。一度試してほしいですね。

月野　そうなんですね。でも……自分が使うとなると、やっぱりハードルは高い気がします。

太田　ドラッグストアで購入するのに、勇気がいるかもしれませんね。店員さんに対して、「恥ずかしい」と思ってしまう親御さんもいるでしょう。そこで、最初は、「試供品もらったんだけど、試しに使ってみて」とか、「私もくしゃみすると漏れることがあるから使ってみたら、けっこうよくてびっくりした」と言って、置いてくるのも一案です。

月野　そうですよね、自分のおむつを自分で買うのは勇気がいると思います。そもそも家まで運ぶのも無理。だからといってネットで買う技術もないですし。家族が買うしかない！

●**紙パンツ**
ひとりでトイレに行ける人用から、寝たきりの人用まで、さまざまなタイプが販売されている。状態に合うのがどういうタイプかわからない場合は、入院中なら看護師、在宅ならホームヘルパーなどに聞けば教えてくれる。

太田　紙パンツを使うことで自立した生活が送れる人も少なくないと思います。支援や介護が必要でなくても、トイレが心配で外出できないという人もいるので、ぜひ使いこなしてほしいですね。今後、もし重度の要介護状態になると、「**紙おむつ等支給事業**」といって、紙おむつの費用助成や現物給付などの自治体のサービスを使える可能性もあるので覚えておいてください。

月野　先ほど太田先生にほめてもらったんですが、実際には母のおむつを交換したり、夜中に何度も起こされたりするのは本当にツラかったです。精神的なダメージが大きかったと思います。

太田　3日間で体重が2キロも減ったんですもんね。このままがんばりすぎてしまうと、共倒れになっちゃうところでした。早い段階で「施設介護を選ぼう」と動きだしたのはよい決断だったのではないでしょうか。

月野　ありがとうございます（涙）。

●**紙おむつ等支給事業**
自治体によって内容は異なるが、購入費の一部を支給したり、現物給付をしたりするところも。親の暮らす自治体での実施有無や詳細は「高齢者のしおり」を確認するか、地域包括支援センターに問い合わせを。

介護保険で受けられる代表的なサービス

訪問サービス

●訪問介護（ホームヘルプ）
ホームヘルパーが生活援助（料理や洗濯など）や身体介護（食事、入浴、トイレ、着替えなど）で日常生活を支えてくれる。

●訪問リハビリテーション
理学療法士（基本的な身体動作）、作業療法士（生活動作）、言語聴覚士（会話や食事）などが自宅でリハビリを行う。

通所サービス

●デイサービス（通所介護）
デイサービスセンターで、食事や入浴などの生活支援や機能訓練などが受けられる。日帰りで送迎付き。昼食代やレクリエーション代は実費を支払う。

●デイケア（通所リハビリ）
介護老人保健施設や医療施設で機能訓練を受けることができる。利用には医師の指示が必要。施設によっては昼食や入浴サービスがない場合も。

施設入居

●特別養護老人ホーム
●介護老人保健施設
●介護医療院

⇒詳細は45ページ

ケアプランの作成

要介護認定を受けたら、次に介護サービス計画（ケアプラン）を作成してもらうことになる。自己作成もできるが、通常、ケアマネジャーに依頼する。無料。

宿泊サービス

●ショートステイ（短期入所生活介護）
特別養護老人ホームや老人保健施設などに短期間（最長で30日）入居できる。食費と住居費は全額自己負担になる。

訪問・通所・宿泊

●小規模多機能型居宅介護
小人数の登録制で、訪問介護、通所介護、ショートステイが1カ所でできる。利用料は定額制。

そのほか

●福祉用具貸与
介護ベッドや車いす、手すりなど、日常生活の自立を助ける福祉用具をレンタルできる（定価の1～3割負担）。トイレ用品や入浴用品は購入対象。

●住宅改修
段差の解消や手すりの取り付けなどの住宅改修に最大18万円（工事費用20万円の9割まで）補助が出る。事前にケアマネジャーへの相談が必須。

私の介護体験談 3

認知症でも「人の手は借りない!」。遠方に住む父の介護に奔走した8カ月

まささん（53 歳）東京都在住
父（2024 年逝去／ 83 歳）愛媛県在住／兄家族と同居

父と同居する兄嫁から「お義父さんの認知機能が急激に落ちている」と相談を受けたのは 2023 年の夏。父はもともと頑固で自己主張が激しく、兄家族とは必要最低限のかかわりで同居が成り立っている状態でした。兄嫁も体調をくずしていたため、私が月 1 ～ 2 回愛媛県に帰省し、そのつど 1 週間滞在して父の介護をする日々が始まりました。

父は認知症の受診を拒否したので、在宅医療に切り替え、認知症薬を処方してもらいました。しばらくの間は夜間徘徊がおさまりましたが、24 年 2 月からはトイレの失敗が続き、精神面でも不安定になって怒りっぽくなりました。在宅医の提案で 3 月から精神安定剤を服用したところ、その影響で意識を失い、病院に搬送されました。さらに検査する過程で肺炎が見つかり、入院したところ心不全を起こしていることがわかりました。入院から 2 週間後、父は家族に見守られながら息を引き取りました。

正直、施設に入って専門家のケアを受けていればもっと長生きできたのに……という後悔はあります。でも父は「自分のことは自分でやる。人の手は借りない」という頑固一徹な人。実際には食事も入浴も排泄も自分ではできなかったので、「退院したら今度こそ施設だ」と私は決意していました。そう考えると、ギリギリまで自宅で過ごせたことは父にとってよかったのかもしれません。よく「ポックリ逝きたい」と言っていましたから。

PART 4

介護のイライラどうする?

まる〜 ズボンとってきてくれない？
ズボン？ どこにあるの？
あそこよ！ あっちの引き出しの中
どのタンスの引き出し？
あっちって… 引き出しいろいろあるんだけど…
白いズボン！
白っぽいやつあるでしょ！
まぁいいや 適当に持っていくか
これ？
違う！ それじゃない！
ええ〜？ じゃこっち？
違う！ なんでわかんないの!?

じゃ
これは？
それよ！
ギュイイーーン……
MAX
ストレス
イラァ…
って…
これ白じゃなくて
薄紫じゃん！
「あれ」とか
「あっち」とか
あいまいな言葉が増え
私もすぐにそれが
理解できず
母は母で
すぐにわかって
もらえないので
イライラする
もう～
違うでしょ！
これじゃなくて
肌色の！
しっぷ
もう～
こんな生活じゃ
ほんとにいやになる！
風呂も
入れない！
髪も洗えない！
あつい～
さむい～
マイナス発言
ばかり…
母が
どんどん母で
なくなって
いくような…
も～
あんたは
いいかげんなんだから！
ピキッ
ギュギュンッ!!
MAX
ストレス
わかってる
これは認知機能低下
のせいだ
そのせいで
愚痴っぽく
なってるだけだ

子どものイヤイヤ期や
長男の反抗期のときは
いつか終わると思ったから
希望があったけど
認知機能は衰える一方…
勝手に
ぐわわっ
入ってくんなっ
やだっ
やだっ
じぶんで
はくの
わかった
わかった
NO WAY
うっ
まる…
これ
おいしいね
ありがとう
うっ
これ以上24時間
一緒にいたら母のことを
嫌いになってしまう
かもしれない！
このままじゃ
いけない！
うぬぅ～～～ぅ

イタタ…
このままずるずる
母と一緒に
この家にいても
母の足腰の調子が
よくなる保証もない
このままじゃ
ダメだよね…
私も休みはこれ以上
取りづらいし限界
どよ〜〜ん…
だよね…
私たちだって
それぞれ仕事も
生活もあるもんね
同居も
つきっきりに
なりそうだから
無理だし
限界だね…
施設に入って
もらうしかない！
子どもにまだお金がかかるため馬車馬のごとく働く世代の私たち
お母さんに
希望を聞いて
目星をつけておこう
はぁ〜〜…
というわけで
母にさっそく
聞いてみた
お母さん
施設に入るなら
どこがいい？
そうね〜
やっぱり長く住んだ
〇〇駅あたりがいいわねぇ
そっか
参考にするよ

私と妹は母の希望を聞きつつ
条件に合う施設をネットで探し○○駅から徒歩1分の施設に見学に行った
特急は止まるし駅前にスーパーやら薬局などいろいろ店もある
スーパー
薬局
銀行
駅近
利便性抜群じゃん!
ちょっと古いけど部屋も南向きだし
日当たり良好
費用も月額20万円ほどなので年金と遺族年金プラス母の貯金で当面はなんとかなりそう
施設代
年金
貯金
母は賃貸住まいだったのでこれまでの家賃分も施設代にあてられる
オールドケアホーム施設長の平山さん
ただ入居は一カ月先になります
1カ月…!そんなに仕事休めないよ~
それにもう
げんなり…
またもや眠れなかった…
あの生活をあと1カ月も続けたら今度こそ私の心は折れちゃうよ~
無理…

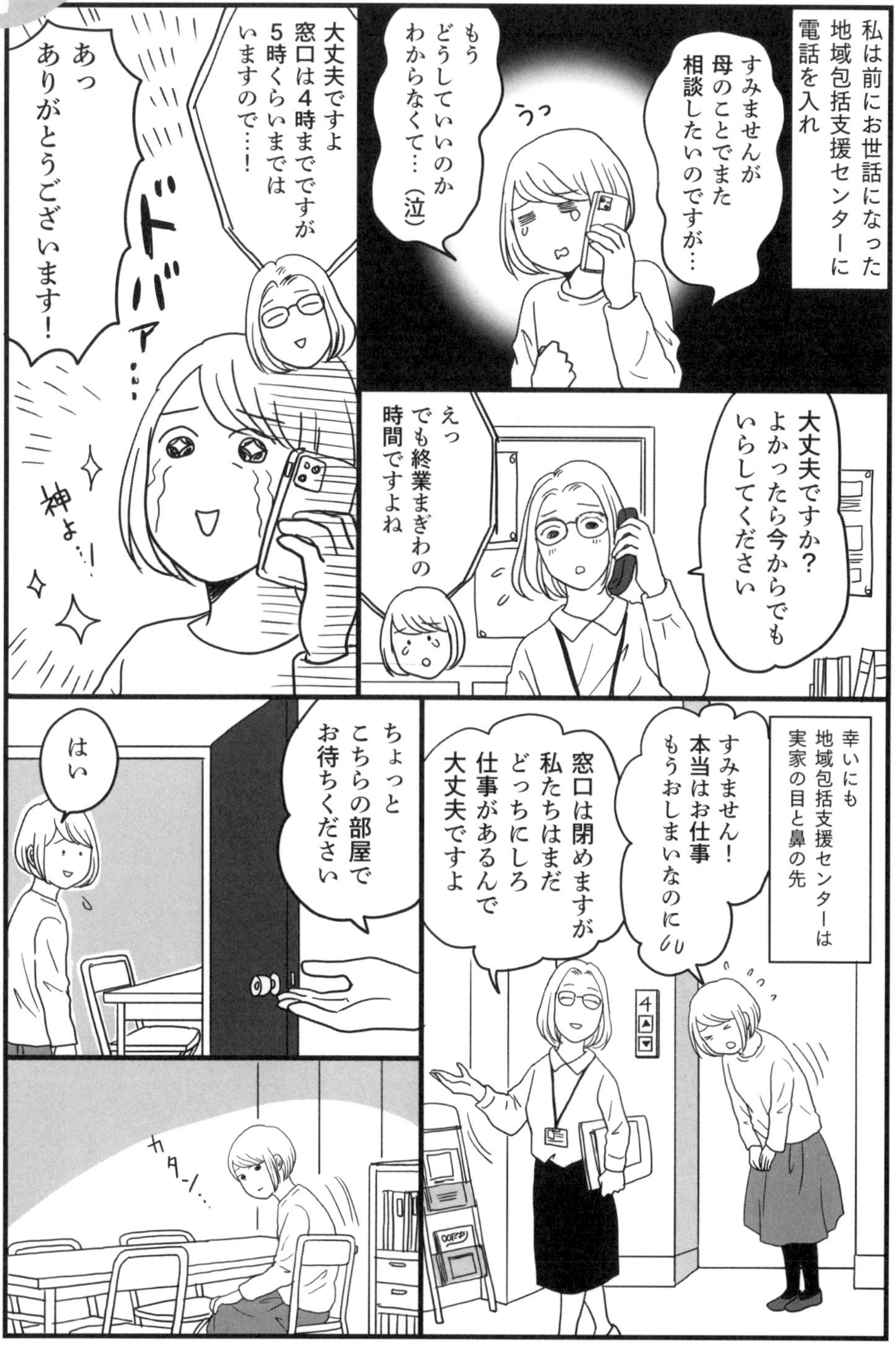
私は前にお世話になった地域包括支援センターに電話を入れ
すみませんが母のことでまた相談したいのですが…
うっ
もうどうしていいのかわからなくて…（泣）
大丈夫ですか？よかったら今からでもいらしてください
えっでも終業まぎわの時間ですよね
大丈夫ですよ窓口は4時までですが5時くらいまではいますので…！
あっありがとうございます！
ドバァ…
神よ…!
幸いにも地域包括支援センターは実家の目と鼻の先
すみません！本当はお仕事もうおしまいなのに
窓口は閉めますが私たちはまだどっちにしろ仕事があるんで大丈夫ですよ
4
ちょっとこちらの部屋でお待ちください
はい
カターン…

トゥルルルル…
はい ○○△△ですね
…!
…!
こんなにもがんばってくれてるんだな
こういうお役所的な仕事って定時ぴったりに帰っちゃうイメージだったけど
みんな忙しそう
お先ですっ
はい よろしくお願いします
すみませんお待たせしました
こちらこそすみません…! お忙しいところお時間さいていただいて
ガタッ
介護ベッドは届きました?
はい! おかげさまで… ありがとうございます
お母さま前より状況悪化してしまったんですね 詳しく教えていただけますか?
はい それが…

※まるさん親子が受診したクリニックは入院施設がなかった。ひとり暮らしで痛みで動けないなど緊急の場合は、入院施設などのある病院では「地域包括ケア病棟」があるところもあり、そこに入院できる場合も。また病院にある相談室では、入院などの相談に乗ってもらえる。

あの… 一応急いで 入りたいホームを探して 見つけたんですが 満室で…
入れるのが 1カ月先 らしいんです なので この1カ月を どうしようと いったところで
そうなんですね! 1カ月… 長いですよね 仕事もありますしね
介護保険の 認定がおりて いなくても 一時的に入居を 受け入れて くれる施設も ありますよ
OK!
介護付き有料 老人ホームなので けっこう費用が かかりますが…
この際 背に腹は かえられない!
金で解決!!
ほんとですか!? それでも かまいません!
ではこちらで 当たってみて また連絡しますね
神よ!!
ぜひとも! お願いします!

帰宅してしばらくすると電話が
ブブッ
ブブブッ
地域包括支援センター
すぐに受け入れ可能なところが2件見つかりました
本当ですか？ありがとうございます
1件目は▲▲駅のすぐ近くです
駅近ならそこでいいんじゃ…
入居費は月額50万円ほどです
がーん！
お高いっ！
2件目は…
まさかそれを上回るやつがきたらどうしよう…
どきどき
月に35万円です
これも高いけど1カ月ならなんとかなるか…
ただこちらは…
えっ何…!?
こわい！

駅から遠いです ▲▲駅からバスと徒歩で25分です
全然遠くてもかまいません! 2件目でお願いします!
ですよね…では先方にお話ししておきますね
明日には連絡が月野さんのほうにいくと思いますのでよろしくお願いいたします
はいっ
本当にありがとうございます!
はーー…
地域包括支援センター
なんか安心した~
ホロリ…
まる~ これ温め直して~
ねー

「施設に入る」というハードルが意外なほど低い月野さんたち。なかなかそれができないんです

太田　いよいよ**施設入居のタイミング**がやってきましたね。でもこんなにスムーズに進むご家庭は少ないんですよ。通常、施設入居には3つのハードルがあります。1つ目は親が断固拒否すること。「絶対にイヤだ」という人が多いんです。

月野　母は私に介護されるより、プロのほうがいいと思っていたみたいで、施設の話をしたら喜んでくれました。

太田　そう割り切れるのが月野ママのすごいところです。そして2つ目のハードルは、きょうだいや親戚です。「まだ大丈夫じゃない？」と実情を知らないきょうだいが反対したり、「施設に入れるなんて

●**施設入居のタイミング**
子が親の施設探しを決断するタイミングの例は次のとおり。
1．親が一人でトイレに行けなくなったとき
2．親が火の始末をできなくなったとき
3．親が食事をとらなくなったとき
4．介護者までが倒れそうになったとき
5．「要介護4」となったとき
『高齢者施設 お金・選び方・入居の流れがわかる本 第3版』（太田差惠子／翔泳社）より

親不孝だ」と親戚が反対してきたりします。

月野　わが家の場合、わりとみんな同じ気持ちでした。これもラッキーだったんですね。

太田　3つ目は「お金」です。1カ月30万円以上払える経済的な余裕があるご高齢の方は多くありません。

月野　それは母に感謝です。母は貯蓄することが趣味みたいな人で、安心できるだけの預貯金がありました。とはいえ全額自費で高級ホームにずっと入り続けるほどの余裕はなかったので、1カ月だけしか入居できませんでしたが……。

太田　今回のように、地域包括支援センターが保険外の**ショートステイ**を紹介することはあまり多くありません。しかも、かなり高額。通常は、あと2～3週間待てば認定がおりることが見込まれていたので、それを待って、介護保険を使ってのショートステイを紹介すると思います。

月野　そうなんですね。きっと私がせっぱ詰まっていて、「高くてもいいので、すぐに1カ月預かってくれるところを!」と頼み込ん

●**ショートステイ**
自宅にこもりきりの人の孤立感の解消や心身機能の維持回復、家族の介護の負担軽減などを目的とした宿泊サービス。介護保険を利用する場合の連続利用日数は30日まで。

だから**介護付有料老人ホーム**を紹介してくれたのかもしれません。

太田　そうかもしれないですね。でも、いまこの本を読んでくださっているみなさん、「35万円払わないとショートステイを利用できない」と勘違いしないでくださいね。

月野　うちのケースは例外という感じなんですね。では、ほかの選択肢として、どんな可能性があったんでしょう。

太田　先ほどお話しした地域包括ケア病棟に入院することもできる可能性はありますし、介護保険がおりれば**老健（介護老人保健施設）**などの**介護保険施設**に入居したり、介護保険を使ってショートステイを利用したりする方法も考えられます。

月野　そもそも施設の種類が全然わかっていなかったんです。母がショートステイで入ったところも、いま入っている施設も「介護付有料老人ホーム」という分類だっていうことをつい最近まで知らなかったくらいです。

太田　複雑なのでわからないのは当然です。介護が始まるまでは知らないのが普通です。施設を探そうとする人が最初につまずくのは

●介護付有料老人ホーム
食事や生活支援サービスなどを提供する民間の高齢者施設を「有料老人ホーム」と呼ぶ。そのうち、24時間体制で介護を提供するホームは「介護付（特定施設）」、そうでないホームは「住宅型」。

●介護老人保健施設
通称「老健（ろうけん）」と呼ぶ公的施設。永続的に暮らし続けるのではなく、在宅復帰を目指しリハビリや医療、介護を受け、3カ月程度入居する。入居申し込みができるのは原則、要介護1以上。

●介護保険施設
介護保険法に定められた高齢者福祉施設。特養、老健、介護医療院の3種類があり、入居条件が決まっている。入居一時金はなく、所得が少ないと利用料が軽減される。介護医療院は長期的な療養を必要とする人に限られる。

その種類の多さなんです。大きく分けると、有料老人ホームは**介護付と住宅型**の2種類になります。

月野　介護付は24時間365日体制で、介護を受けられるんですよね。母の場合、それが大前提でした。

太田　一方の住宅型は、前提としてある程度自立した生活が送れる人向けの施設です。介護が必要になったら別途介護サービスの事業者と契約することになります。でも、介護の必要度合いが進むと、暮らし続けることが難しくなる施設もあるので注意が必要です。

月野　あと、**公的施設と民間施設**があるっていうことも知りませんでした。有料老人ホームって民間施設なんですね。

太田　そうなんです。だから価格帯も「ピンからキリまで」さまざまです。公的施設は民間に比べてコストが抑えられるし、そのうえ、所得が少ないと利用料が軽減されるメリットもあります。

月野　パンフレットをササッと見るだけではわからないことっていろいろあるんですね。

●介護付・住宅型の介護体制

介護付とは、自治体から「特定施設入居者生活介護（特定施設）」の指定を受けた有料老人ホーム。施設にケアマネジャーがいて24時間体制で介護が受けられる。住宅型で介護を受ける場合は、別途サービス提供事業者と契約が必要。

●公的施設・民間施設

公的施設は社会福祉法人や自治体などが運営し、比較的低価格の施設が多く、所得が低いと利用料が軽減される。民間施設は企業などが運営し、利用料の軽減は受けられない。価格やサービス内容、質はさまざま。

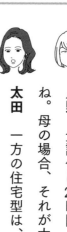

主な高齢者ホームの種類と特徴

種類	運営	名称	特徴	費用の目安
介護付	公的施設	特別養護老人ホーム(特養)	介護保険で入居できる施設。低コストのため人気が高く、待機者が多数いるところも。看取り対応まで行うところが増えている。要介護3以上。	●月額 5万〜15万円
介護付	民間施設	介護付き有料老人ホーム	施設職員がサービスを提供する民間施設。料金が高めのところが多い【特定施設】。	●入居一時金 0〜1億円 ●月額12万〜40万円
介護付	民間施設	グループホーム	認知症の高齢者向けの民間施設。自宅のような家庭的な環境のもと、少人数で暮らす。要支援2以上。	●入居一時金 0〜100万円 ●月額12万〜18万円
住宅型	公的施設	ケアハウス(一般型)	身の回りのことはできるが、家事など自宅での生活が困難な人向けの福祉施設。比較的低コスト。	●入居一時金 0〜数百万円 ●月額8万〜20万円 (介護が必要なら別途契約)
住宅型	民間施設	住宅型有料老人ホーム	食事のサービスや家事支援、レクリエーションなどのサービスが受けられるところが多い。価格帯の幅は広い。	●入居一時金 0〜1億円 ●月額12万〜40万円 (介護が必要なら別途契約)
住宅型	民間施設	サービス付き高齢者向け住宅(サ高住)	安否確認と生活相談サービスを受けられる。オプションで食事や家事支援のサービスを受けられるところも。	●敷金 0〜数十万円 ●月額10万〜30万円 (介護が必要なら別途契約)

『高齢者施設 お金・選び方・入居の流れがわかる本 第3版』(太田差惠子/翔泳社)を参考に編集部で作成

「近くにいる人、気づいた人が介護する」それができるのは私だけ？

やんまさん（54 歳）埼玉県在住
母（86 歳）埼玉県在住／一人暮らし⇒施設

12 年前に夫を亡くし、２つのパートを掛け持ちしながら３人の娘（大学生２人と中学生）を育てています。母は実家でひとり暮らしでしたが、膝を人工関節にする手術を受けたことから介護が始まりました。

兄と私は同じ埼玉、姉は東京在住です。「近くにいる人、気づいた人、できる人が母を手伝おう」という感じで介護が始まったものの、私はいちばん近くに住んでいて仕事はパート。病院へのつきそい、通院の予約、介護サービスや家事代行の手配などさまざまな負担が私だけにのしかかりました。しかも子ども２人が受験、夫の十三回忌法要の準備、Ｗワークのパート仕事のストレス……。「もう無理！」と思って施設入居を提案しても、母は「まだ一人で大丈夫」「先のことなんて考えたくない！」という状態。兄と姉にＳＯＳを出し、一緒に説得してもらってなんとか施設に入居してもらいました。

現在は月２回面会に行き、実家の草むしりや墓参り、庭木の伐採の手配をしつつ実家の処分に向けて動いています。施設に入ったら介護が終わるわけではない、と実感しているところです。

PART 5 ホーム探しとお金問題

地域包括支援センターで取り急ぎショートステイで1カ月受け入れてもらえる施設を探してもらった翌日
さっそく施設から電話がかかってきた
リッチケアホーム 着信中…
ブブッ
ブブッ
リッチケアホーム副施設長の金田と申します地域包括支援センターからお話聞きました
一度ご家族と面談したいのですがご見学来られますか？
え〜と… 私は行けないので弟に仕事帰りに行ってもらうのでも大丈夫ですか？
もちろんです
ちなみにこちらにお母さまが入居されるのはいつごろをご希望でしょうか？
明日は銀行の方が来て手続きなどあるのであさって以降がいいんですが…
ではあさってにいたしますか？
3 カレンダー
そんな急でも大丈夫なんですか？
はい もちろんです！
なんと！

ではあさってから よろしく お願いします!
ではまた詳しいことは 連絡いたしますね
お母さん! あさってには 施設入れるって!
そうなの!?
母はホッとした 様子だった
よかった〜
そりゃそうだ
痛みと闘いながら 医療に無縁で 介護もした ことない娘と
こんな生活いつまで 続くのだろうと 不安だったろう
イタイ
イタイ
イタイ
私もだけど
まる〜
え? なに?

白湯冷めちゃったから
もう一回温めてきて
おいでなすった！
以前の私だったら
めんどくさっ
トポポポ…
1杯飲むのに時間かけすぎてるから冷めちゃうんじゃんよ～
ブツブツ
水
だが今は…
は～い
ちょっと待っててね～
こんな生活もあさってまでと思うとやさしくなれる私なのだった
さむい！
暖房つけるよ毛布かける？
あつい！
暖房消すね
のどかわいた！
はいはい白湯ね
あと問題は…
あ～お風呂に入りたい…
そう
母はかれこれ1カ月以上お風呂に入っていない

しかたないので体は拭いてみたものの
はい次 背中ね…
ふき ふき
やだ! 寒い!
お湯で絞ったタオルでもすぐ冷めてしまう
もういいわ寒いから…
まぁ 冬で寒いから汗もかかないしにおってもいないからまぁいいか
体はね
でも頭はにおうよ?
どうしよう…
完全に動けなくなるまでは美容院に連れていってシャンプーだけしてもらっていたのですが
わしゃ わしゃ
今は無理
そんなとき、妹が
テッ テレ〜!!
ドライシャンプー
「洗い流さないシャンプー」ってのを見つけたよ!
やってみたがイマイチ効果がよくわからない
?
すんすん
シャンプーのにおいと混ざってよくわからないがまだにおうような?
こんなもんか…
しかしその後爪を切ったときに
パチン

足…
くっさ!
今まで靴下で
ふさがれていたから
盲点だった
足湯とかで
洗いたいけど
ベッドに
すわれないから
寝たままじゃ無理…
ぬれタオルで
拭くしかないな
あ～
早くお風呂に
入れてあげたい…
あとちょっとで
施設に入ったら
お風呂にも入れるし
髪も洗って
もらえるからね
あとは
この痛みが
なんとかなればねぇ
そうだね…
お菓子の入った
袋をいじってる
ぽけら～
何が
したいんだ…?
最近ああやって
ぼけ～っと
すること増えたな

前はあんな動作することなかったのになぁ
やっぱり認知症が入ってきてるのかなぁ
母方の祖母が生きていたときに老人ホームに面会しに行ったことがあるのだが
祖母
ほけ〜…
ぽけら〜
そのときの祖母に表情が似ている
ってことは私もやはりいずれは母のようになるのだろうか？
不安
ごくり
やめやめ！心配してもしかたないことは今は考えない！
わぁ〜あ
あ そうだ
明日銀行の人が来てお母さんの口座を移す手続きがあるからね
ああ そうね！
B信託銀行からA銀行にでしょ！
シャキン
田中さんが来るのね！
新しい担当の！

お金のことがからむと反応早いし覚えてるんだな
会ったことない担当の人の名前まで覚えてるとは…
さすが…
母の口座は3つあるので
あまり使っていない口座
普通預金 B信託銀行
普通預金 C銀行
普通預金 A銀行
家賃・光熱費などの引き落とし、年金の受給など…
使っている口座にまとめてしまおうということになったのだ
先日のきょうだい会議で
お母さんB信託銀行とC銀行はキャッシュカード作ってないって言ってたよ
じゃあ私たちじゃおろせないじゃん！
というわけでまずはB信託銀行
母には担当の方がついていたので相談すると
認知症になったら銀行の口座が凍結されるらしいよ！
え？マジで!?
まずいじゃん！急がなきゃ！
ではおうちへお伺いします
ご本人さまがサインできるなら大丈夫です

というわけで翌日B信託銀行の担当に来てもらう
初めましてこんにちは
B信託銀行の田中です今日はよろしくお願いします
遠いところすみませんねぇ
こちらこそよろしくお願いします
こんな姿でごめんなさいね
あ ねててくださいね
人が来るとしっかりするんだよなぁ
今日は母のB信託銀行の口座からA銀行口座に預金を移す手続き
普通預金
B信託銀行
普通預金
A銀行
すごいなぁ今の時代送金はタブレットなんですね〜
はい そうなんです
送金
ではこちらを確認いただいてサインお願いします
ここで本人のサインが必要となる
署名
ペン1本でお金が送れちゃうってドキドキですね
はい 間違えたら大変なので緊張します
大丈夫かな〜? 自分の名前ちゃんと書けるかな?
しかも紙ではなくタブレットに
ドキ
ドキ
もはや子を見守る母親の気分である

書けたけど
これで
いいのかしら…
以上を
送金することと
署名
星野 母
手がついた部分も反応してしまう
う～ん
ゴミだらけ！
大丈夫です！
ありがとう
ございます
無事手続き完了
よかった～
サインできて
ホッ
だがしかし
ほかにもまだ
本人の手続きが
必要なものがいろいろと
残っているのだ
各種住所変更など
元本割れしてる
投資信託
解約したい～
C銀行の送金手続き
おいおいやっていかねば…
とりあえず母が
入る予定の施設に
弟が見学に行った
自宅
母親の施設
弟の勤め先
施設の場所は
弟が車通勤している
途中にある
行ってきたよ～
お疲れ～
どうだった？
母が寝ている
となりの部屋で
きょうだい会議
すごいよ…

とにかく高級な感じだった
まるでホテル
さすが月35万!
お茶菓子にゴディバのチョコが出てきた…
マジ!?
施設って感じじゃないね
ロビーにソファがあってグランドピアノがあったよ…
……
やばいじゃん!次に行く施設とのギャップが大きすぎない?
あいたた…
そう
私たちは先日見学したオールドケアホームに入居申し込みをすませていた
だが
その施設は難をいえば…
建物が古い…!

あああああ！
だから最初にそんな新しくて高級そうなとこ一度味わったら次に移ったときに超不満を感じるのでは!?
そんな不安をよそに次の日リッチケアホームからお迎えが来た
こんにちは〜
リッチケアホーム
副施設長さん
星野さんですね初めまして！
よろしくお願いします
ケアマネさん
こちらこそよろしくお願いします
ちょっと起き上がるだけで痛いっていうのにはたして車いすにすわれるのだろうか？
不安…
はいじゃ移動しますよ〜

すんなり…
ちょこん…
えっ？
いとも簡単に!?
？
？
立てないんじゃなかったんかい！
電話でお聞きした感じではもっと動けないと思っていたのでちょっとびっくりです！
全然元気じゃないですか！星野さん！
身内といるときは表情も暗くて「痛い」の連呼だったのに！
…
ふふ そうかしら？
得意げになってる！
プロが来たとたん安心したのか表情も明るくなってしゃべりも急に早くなった母
え？何…？
けっこう精神的なものもあったのか？

車いすに乗って施設まで車で30分
私は妹の車であとを追う
途中前を走る母を乗せた車が蛇行していたが
ふらぁ…
マンホールをなるべく避けて振動が少ないよう運転しました
さすが！プロ意識高い！
多少痛みはあったものの無事到着しました
Rich Care Home
着きましたよ～
初めまして施設長の富永です
星野さん！ようこそおいでくださいました
よろしくお願いします
施設長さんなんかステキ
かっこいい…
宝塚の風格

そして
エントランスに生花…
ゴージャス…
玄関にはアロマ…
いい香り〜♪
これはお近づきのしるしに…
あらまぁ!
きれい!
生花のバスケットブーケ!
ふぉおおおお!
さすが高級ホーム!
はっ
待てよ…
これ料金に結局のところ含まれてるのよね…
まぁ母も喜んでるからいいか…
……
貧乏人の私たちはすぐわれに帰った

にしても
ロビーがホテル並み
なんですけど！
グランドピアノ
がある…！
そういや
弟が言ってたな
何これ！
本当に
介護施設!?
こんにちは
こんにちは
職員の人たちが
とても感じがいい！
むかし
祖母の入っていた
施設とは
雰囲気が違う…
こちらが
星野さんの
お部屋です
ガラ…

フローリングきれい！
そしてホテルにあるような家具！
トイレもあるし
洗面台もある！
たしか来月入る施設は家具も一切ないしトイレと洗面所は部屋の中になかったな…
目の前のぜいたくを素直に喜べず複雑な思いが入りまじった私たちだった
では娘さんたちは契約の手続きがありますので
こちらへどうぞ
契約事項を読み上げていくので
ちょっと長くなりますが…
Rich care
リッチケア

事業者は
入居時
身元引受人を定めるもの
前払金の返還
医師や弁護士その他は
とします。
うんぬんかん
より入居者または
自己が選ぶ
サービスを提供します。
入居者は
災害その他に
本契約に定めのない事項の
う～ん長い！
妹は意識もうろうとしてるし
くら
くら
んむぅ…
私はあくびをかみ殺すのに必死だった…
ではこちらにまとめて印鑑を…
ポンッ
手分けして押すよっ
はいっ
ポンッ
月野
月野
契約印
星野
星野
身元引受人
月野
割り印
やっと終わった～！
入るにあたって母がかかっていた病院に診療情報提供書を書いてもらい提出しなければならないのですが
内科
眼科
整形外科
胃腸内科
あちこちの病院にかかっていたのでそれがけっこう大変でした
初めてでわからないことだらけでしたが
ぜいぜい
短いのに長かった…
ハァ
ハァ
なんとか無事契約をすませ施設に入ることができました
とりあえず GOAL

「介護は親が払える範囲で」と割り切るのは意外に難しい。親孝行とお金は切り離そう

太田　月野さんたちがスムーズに施設入居に移れたのは、お母さまの資産や年金の額を、お子さん全員で情報共有できていたからだと思うんです。そしてきょうだいでそれらの管理をされていましたよね。

月野　わが家の場合、かなり前に母の資産を確認できていたんです。お金についても「親のお金は親のもの」という共通認識がありましたし、私たちに親の介護費用を出せる余裕がない（笑）。でも、費用を子どもが負担する気持ちも少しわかるんです。「自分で介護せずに施設に入れるんだから、せめてお金くらいサポートし

たい」と思っちゃうんですよね。

太田　そうですね、でも、親が１００歳まで生きれば子どもだって70代、要介護になっているかもしれません。自分のお金は自分の介護のために残しておかないと、困るのは自分とその子どもです。

月野　確かに！　親孝行とお金は切り離すべきなのですね。でも**介護にはいったいいくらかかる**んでしょう。そこがイマイチわからなくて迷います。

太田　「いくらかかるか」ではなく「いくらかけられるか」が大事なんですよ。寿命が延びているので、女性の場合は１０５歳、男性でも１００歳まで生きると考えて計算することをおすすめしています。

月野　なんと！　１０５歳まで生きると考えてシミュレーションしなくちゃいけないんですね。私の母は内臓がめちゃくちゃ元気なので、１０５歳までいけるかもしれません。

太田　それはすばらしいですね。例えば、いま80歳の女性なら１０５歳まであと25年。お手持ちの資産を25で割り、そこに１年間

●介護にかかる平均額（月）
在宅介護…平均４・８万円
施設介護…平均12・２万円
施設介護には食事代や住居費も含まれるので価格が高くなる。
生命保険文化センター「生命保険に関する全国実態調査」／２０２１年度より

の年金額を足せば、１年間に使える金額をざっくり見積もることができます。

月野　でも、「**親の資産**は聞きにくい」という人は周囲にも多いですよ。どうやって聞けばいいんですか？

太田　直球で、「今後のことを考えて、お父さん、お母さんの資産状況を教えてほしい」と聞いて成功している人もいます。自分たちのことを心配して聞いてくれている、と理解してくれれば話してくれるようです。でも、唐突だと、「財産を狙っているのか」と親が気分を害することもあるので注意しましょう。結局、普段からコミュニケーションをとれていることが大切なのです。資産状況はハードルが高いなら、まず月々の年金額を聞いてみましょう。

月野　**年金の額**は大切ですよね。わが家の場合、母の年金額で収まる価格帯の施設を探したんですが、介護付有料老人ホームでそれは難しくて……。母の預貯金から月々数万円補填することにしました。

太田　先ほどの計算式に当てはめてみてください。補填分を入れて考えた場合、１０５歳まで長生きしても大丈夫そうですか？

●確認したい親の資産

□月々の年金額
□預貯金額
□株式や投資信託
□民間の医療保険・生命保険
□不動産
□ローン・負債
□住民税の課税世帯か

あわせて通帳やキャッシュカードの保管場所なども教えてもらえると安心。

●年金の額

年金は、原則年6回に分けて、偶数月の15日にその前月までの2カ月分が支払われる。親に金額をたずねるときは、1カ月分か2カ月分か要確認。

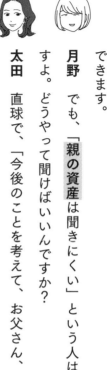

月野　母の場合あと20年は生きる予定で考えるってことか！　20年は240カ月だから、補填分〇万円×240＝……母の貯蓄で大丈夫そうです！

太田　よかったですね。でも現実には、多くの場合、値上げや要介護度の上昇で、**食費やサービス費などは上がっていく**ので、無理のない資金計画が必要ですよ。

月野　わかりました。母が施設に入ったことをきっかけに、お金の管理はきょうだいでやることにしたんです。管理がしやすいように、入居前に**口座をひとつに**まとめました。

太田　それはやっておいたほうがいいですね。金融機関によっては2枚目のキャッシュカードとなる**代理人カード**を作れるところもあります。あると、管理がスムーズかもしれません。

月野　それは「生計を一にする親族に限る」とあって、同居していないと難しいと言われたんですが……。

太田　金融機関によって発行条件や詳細は異なるんです。

月野　今回は母の担当者が自宅に来てくれたので助かりました。

●施設の食費やサービス費の値上がり

施設サービス費は要介護度が上がるとアップする。居住費や食費が値上げされることもある。

●口座をひとつに

本人がお金の管理をできなくなると、いつの間にか残金がなくなり引き落としができなくなることがある。介護サービスの費用や水道光熱費などの出金口座と年金が振り込まれる口座はひとつに。年齢を重ねるほど管理は難しくなるケースが多いので、本人の判断力がしっかりしているうちに使っていない口座は解約するほうが安心。

●代理人カード

口座の名義人のかわりに、子や配偶者などの代理人がATMでの入出金・振込などを行えるようにする2枚目のキャッシュカード。作成するのは、名義人なので判断力のあるうちに。

太田　助かりましたね。向こうから来てくれるケースは、多くないかもしれません。そのときは、お母さまの委任状を窓口に持参することが必要です。本人が委任状を書くことが難しい場合は、銀行の窓口で相談してみましょう。

冷凍庫からうなぎパックが50袋も。認知症の母は何を思っていたのだろう

北欧オバサンさん（62歳）東京都在住
母（87歳）神奈川県在住／在宅介護⇒グループホーム

父の生前から母の認知症が始まり、料理ができない、掃除洗濯ができない、買い物に行ってもお金が払えないという状態。そんな母を、父は病（がん）をおして長い間一人で支え続けました。父はじょじょに体の自由がきかなくなり、入院したらあっという間に亡くなってしまったのです。そこから母の認知症は加速度的に進みました。しばらくは兄と２人で在宅介護をしたのですが、「このままでは共倒れになる」と、グループホームに入居させることにしました。

現在は週１回実家に行って片づけをしています。部屋からは新しいシーツが20枚、タグのついたままの洋服や靴下が山ほど出てくるのです。冷凍庫にはうなぎのパックが50袋もあり、賞味期限が10年前だったので泣く泣く廃棄しました。ある人に「お母さんは近所のスーパーで同じものを大量に買う人として有名だった」と言われて、知らないのは家族だけだったとショックを受けました。

そういえば父が入院した直後、母が行方不明になったことがありました。父に会いたい一心で電車に乗ったものの、病院に着く直前で道がわからなくなり、同じ場所をぐるぐるまわってコンビニの駐車場で保護されたのです。晩秋なのに靴をはかず、真っ黒な靴下で歩く母を、だれも不自然に思わなかったのだろうか、だれも声をかけてくれなかったのだろうか……とせつない気持ちになります。

母が元気なうちに、もっと話せばよかったと後悔しています。母はまだ存命だけれど、私の知っている母はもういないのです。

PART 6

高級老人ホームにショートステイ

母が施設に入った日
あ〜！やっと自由になった気分だ！
久しぶりに外食しちゃお！
も〜なんでもいい！
オムライス屋さんに入った
卵とあたし
お待たせしました
オムライスがいつもの100倍輝いて見える！
おお〜っ
ぱくっ
なんておいしいんだ！
OMG〜!!
介護のあとは日常のささいなことにも大きな幸せを感じられるのであった

その日は母のいなくなった実家に泊まり
介護用ベッドで寝てみる
ウィーーーン…
いいな〜これ欲しい
翌日は近所のスーパー銭湯へ行き
極楽のゆ
温泉を満喫
カッポーーーン….
極楽じゃ〜!
露天風呂のお湯が白くてこまかな気泡がたくさん…
ちゃぽん…
しみるわぁ
湯気の向こうに見える空の水色と合わさって
なんか幻想的
本当に天国にいるみたいだった

自宅に戻ると
ただいま～
洗濯物がちゃんとたたんである！
旦那が洗濯していた
流しには洗い物もちゃんとしてある！
作って食べてたの？
オレがね！
いなければいないでなんとかやってくれるんだな～
ホッ
最初は外食とか買ってきたものとか食べてたんだけど飽きちゃって…
お金もかかるしさ
エライ！

リッチケアホームに入居した翌日 書類や足りなさそうなものを買って持って行った
やほー
どう？ 昨日は眠れた？
トイレに何回か起きた
へぇ？ 何回？
3回かな
相変わらず何回も起きるな…
介助の人大変だよね
コンコン
はい
3時なのでおやつどうぞ～
私たちの分までお茶ありがとうございます
どうぞごゆっくり～
ありがとうございます
ほら お母さん ロールケーキだよ♫
私は甘いのはいいや 2人で食べて
やった！♪ じゃ遠慮なく

あ…
もう5時か！
そろそろ
帰らなきゃ
じゃまた
来るね！
ああ
ありがとうね～
エレベーターは
入居している方たちが
勝手に別の階に
移動できないように
施錠されているので
乗るときは
解除して
もらわないと
ならない
バタ
バタ
しまった！
夕飯時の忙しい
時間帯で
職員の人に声
かけづらい…
今度からは
夕飯前に
帰らないとだね
そうだね
Reception 受付
ありがとう
ございました

玄関で靴をはきかえる
？
ん？なんか視線を感じる…
私たちが靴はくのめっちゃ待ってる〜！
ありがとうございましたお気をつけて
ペコリ
ひゃあなんかすみません！仕事の手を止めてもらって…！
申し訳ない…
今度からひも靴はやめよう…
それな
とにかくこの高級な老人ホームは至れり尽くせりなのである
ごはんは魚料理にハンバーグ、パエリアなど
にぎりずしが出る日もある
カレーもレストランのような本格カレー

おやつには洋菓子か和菓子が毎日出るし
1階のロビーにはエスプレッソマシンまで置いてあって好きなときにボタンひとつでひきたてコーヒーが飲めるのだ
も〜ぜいたくだな〜 おいしいごはんにおやつが出るなんて私だったらうれしいけどな
しかし母にはイマイチありがたさが伝わっていなかった
甘すぎる！
どら焼き
おやつは甘いしごはんも食べきれないのよ！
そりゃどら焼きは甘いでしょうよ…
はむっ
残り物食べる係
だが後日次の施設に行くとこのありがたさがわかるのである
え？
1カ月でここを出なくてもよかったんですか？
はい私どものほうでは2カ月くらいを予定してたんですけど
もちろんそれ以上でも
えっ
ええ？聞いてないよ〜

リッチケアホームには
1カ月しかいられないと
思っていたから
急いで次の施設を
押さえたのに〜！
ガーン
2カ月いられるなら
もっと時間をかけて
探せばよかった！
いや
でも2カ月いたら
友達もできて
離れがたくなったり
やだ
やだ!!
行かないっ
このぜいたくな環境に
慣れてしまい
次のところを拒否
されたりするかも!?
めしがまずいっ
バアン
しかもここは
居心地いいし
私たちだって
そりゃ長くいたい…
母の余命が
決まってるなら
ここにいさせて
あげたいけど…
お母さん
内臓はどこも
悪くないよね
うん
至って健康
ぼそ
ぼそ
それじゃ
お金がもたない
かもしれない！

施設に行くのにも
私は車がないので
妹がいないときは
レンタカーを毎度
借りていた
毎回電車賃と
合わせたら
4千円くらい
かかる…
and...
しかも片道
1時間半
結局
あとのことを考えて
1カ月と1週間で
次の施設に移ることに
Rich Care Home
お世話に
なりました
次の施設は送迎がないので介護タクシーを自分たちで手配
星野さん!
ずらーーー…っ
お見送り多っ!

施設長さん
星野さん！寂しくなるわぁ
副施設長さん
お体大事にしてくださいね
ケアマネさん
遊びに来てくださいね！
また戻ってきてください！
待ってま〜す！
だれ!?
まぁ…こんなに来ちゃって…
フフフ
なんか知らない人もいるけど…
まるで芸能人にでもなったみたいだわぁ
…
最後にこの演出…
恐るべし高級老人ホーム！
たった1カ月ちょっとしかいなかったのに…

高齢者施設は千差万別。価格が高いからといって「良い施設」とは限りません

太田　読者のみなさんが誤解しないように、先に言わせてください。利用料が高めの施設だから良い施設とは限らないんです。月野さんがこのリッチケアハウス（仮名）に好印象をもったのは事実なので、そこは月野さんたちにとって良い施設だったのでしょう。でも高ければ「良い施設」というわけではありません。それに、それぞれが施設に求めるニーズは異なるので、月野さんにとっての良い施設が、読者のみなさんにとっても良い施設とは限りません。

月野　入居してみて「**こんなはずじゃなかった**」って思うケースも多いっていうことですか？

●こんなはずじゃなかった！（例）

●少し高い眺めのいい部屋を選んだが、寝たきりの父は外を見ることはなかった。

●家を処分したお金で高級施設に入居したが、「家に帰りたい」と嘆く母。でも家はもうない。

●施設に入ったとたん元気になってしまった父。想定した以上に長く暮らすことになったので、お金が足りなくなり泣く泣く安い施設に転居することに。

太田　はい、けっこうあります。例えばですが、健康な人の目からみたら「食事が豪華。おやつも出る。エスプレッソマシンがある」のはうれしいかもしれませんが、入居者にとってはさほど重要ではないかもしれません。それよりもどんな介護を受けられるかが大切です。

月野　でも、パンフレットを見ても介護の実情ってよくわからないんですよね……。

太田　パンフレットには、「静かな環境」「おいしい食事」など聞こえのよいことしか書いていないので、『**重要事項説明書**』をしっかり読むことが大切です。

月野　入居契約時に一から説明を受けたアレですよね（マンガの104ページ参照）。途方もなく長い説明を聞かされた記憶があります。

太田　そうそう、あの書類には大事なことがたくさん書かれています。スタッフの資格や数、介護サービスの内容、生活上のルール、料金の明細など。事前に必ずチェックしましょう。

月野　でも、入居直前に説明されても「やっぱりやめます」とは言

●母は地元の施設にこだわったが、入居してから訪ねてくる人もなく、母も施設から出ることはない。私が通いやすい場所にすればよかった。

●**重要事項説明書**
事業主の情報や施設の詳細、サービス内容、職員の体制、利用料金、入居者の男女比や介護度などが詳細に書かれている。都道府県のホームページ上で公開しているところもある。

いにくいですよね。

太田　重要事項説明書は、見学時にももらえますし、頼めば送ってくれるところも多いと思います。現在の状態だけでなく、「認知症が進行したら」「もし、退去したいと親が言い出したら」など、サービスのことやお金のことなど、しっかり確認しておきたいものです。

月野　ちなみに、施設を選ぶ優先順位のようなものってありますか？

太田　私は、①場所　②介護内容　③費用の順番で施設を絞り込んでいくようおすすめしています。月野さんはお母さまの地元で、子どもたちが通いやすい場所を最優先で決めていましたね。

月野　はい、次が③費用でした。②介護内容についてはもう少し確認すべきだったと反省しています。

太田　反省することはありません（笑）。もちろん、費用のことも大切ですから。でも、費用のことを考え始めると、肝心のサービス内容を見落とすことがあるんです。例えば定期的なたんの吸引が必要な親御さんの入居を検討するとします。その場合は、看護師また

は、たん吸引をできる介護スタッフが24時間体制で対応できる施設である必要があるでしょう。でも、高額な有料老人ホームでも、24時間体制で看護師が居るところは多くありません。これは一例ですが、もし親にとって不可欠なサービスがあるようなら、それが最優先。適当なところが見つからなかったら、①に戻ってエリアを広げて検討します。月野さんはインターネットで調べたのですね。

月野　はい。でもいろんなサイトが出てくるので、何をどう信じればいいのかわからなくて迷いました。

太田　検索エンジンの上位に出てくるところの多くは、**民間の紹介業者**です。条件を入力するだけで候補の施設を教えてくれますし、相談にも乗ってくれます。しかも無料だから便利かもしれません。

月野　でも、安いものにはウラがありそうで私はちょっと避けてしまいました。

太田　そうですね。多くの場合、紹介業者は契約が決まると施設から成功報酬を受け取る仕組みになっています。逆に言えば、成功報酬をもらえない公的施設は紹介してもらえません。そのあたりは

●**民間の紹介業者**
施設と利用者を仲介する業者のこと。特に資格がなくても開業できるため、相談員が必ずしも介護業界に精通しているとは限らない。

知っておくといいですね。

月野　公的施設を知りたい場合にはどこに聞けばいいですか？

太田　地域包括支援センターで教えてもらえますよ。自治体のホームページにも載っています。あとは**ご近所さんの口コミ**ですね。そして「いいかも」と思ったら、必ず足を運んで見学しましょう。できれば3〜5カ所くらい見ておくと、比較できますし、チェックポイントがわかるようになると思います。

月野　私は1カ所しか見学しないで決めてしまったので、少し後悔しているんです。見学って大事ですよね！

太田　**施設見学**するならランチタイムがおすすめです。感染症の流行時期は難しいかもしれませんが……。試食できる施設もありますし、できなくても食堂の雰囲気を見れば、どんな介助を受けているのか、入居者の関係性はどうかなど、わかると思います。

●ご近所さんの口コミ
親の地元の施設を探す場合、その地域に住んでいる人の情報が役立つことも。「久々に高校の同窓会に出席したら、介護職の人や公務員もいてあらゆる角度の情報が集まった」という人も。

●施設見学
電話でアポを取ると、見学できるケースが多い。「施設長から施設の理念などを聞きたい」と指名することもできる。個別見学のほか、定期的に見学会を開いているところもある。

PART 7

母、なんとか施設に落ち着きました

そして介護タクシーで30分揺られて次に入る施設に到着
TAXI
ふぅ
たった30分が長く感じた…
もうちょっとだよ
まだなの？
あと何分？
5分おきくらいに聞いてくる
施設長の平山です
よろしくお願いします
平山
なんでも遠慮なく聞いてくださいね
施設長さんやさしそう！
ホッ
お部屋はこちらになります
ガラララ
荷物など落ち着いたら契約がありますので下に来ていただけますか？
平山
はい
わかりました
ではのちほど
バタン
ありがとうございました〜

トイレは？
洗面所は？
ないよ？
最初に言ったじゃん 次のところはトイレも洗面所も部屋の外だよって
ガーン
絶望的な顔してるな！
でもね クローゼットは前のところより広いよ！
バーン
ああ そう…
すん…
じゃ 私たち下で契約の手続きしてくるから
ええ～ 行っちゃうの？
すぐ戻ってくるから

そして
私たちは再び
長い契約を結ぶ
またもや
睡魔との
戦い
んむぅ…
くら
くら
あくびを
かみ殺し…
では
こちらにまとめて
印鑑を…
ポンッ
手分けして
押すよっ
はいっ
ポンッ
この光景
デジャビュ！
契約印
身元引受人
割り印
ふぅ～
終わった
遅い～！
遅くても
しかたないじゃん～
手続きしてたんだから
あら？
もう3時
過ぎてるわね
おやつは
こないのかしら？
おやつは
ないんだって…
でも
持ち込みは
OKだって

ええっ おやつないの？
ガーン
いやいやいや 何ショックな顔してんの⁉
今までおやつは 甘いからいらないとか 言ってたのに⁉
まぁまぁ 私たちが来るときに お母さんの好きな おやつ買ってくるからさ
ゼリーとか 好きでしょ？
前（の施設）のほうが よかったな～
おやつも出るし
部屋に トイレも 洗面所もあるし
はー
やっぱ そうなるよね～
私たちも前の施設は よかったと思うけど 私たちが通うのに 遠くて大変だし
費用も雑費含めたら 毎月30万円以上かかるよ
それは無理ね
ひいっ
金額を聞いて ひるんだ母であった
あ！ もうこんな時間！ 帰んなきゃ！
じゃあ また来るね！
ああ またね

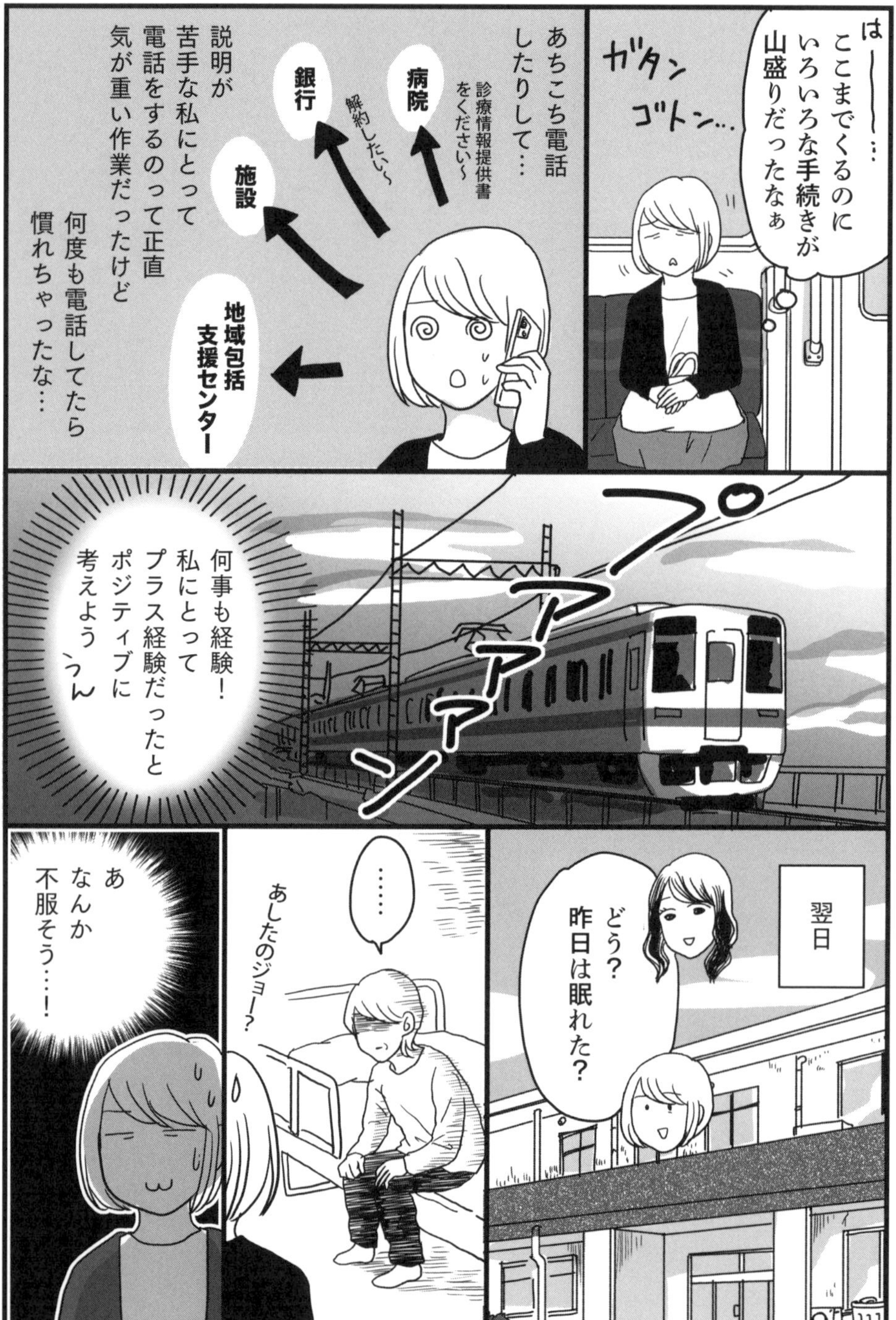

はーーー…
ここまでくるのに いろいろな手続きが 山盛りだったなぁ
ガタン ゴトン…
あちこち電話したりして…
病院
診療情報提供書をください〜
銀行
解約したい〜
施設
地域包括支援センター
説明が苦手な私にとって 電話をするのって正直 気が重い作業だったけど
何度も電話してたら 慣れちゃったな…
プアアアン
何事も経験！ 私にとって プラス経験だったと ポジティブに 考えよう
うん
翌日
どう？ 昨日は眠れた？
……
あしたのジョー？
あ なんか 不服そう…！

ごはん食べるのに車いすで1時間も待たされるのよ！
腰が痛くてつらいのよ！
食堂が1階にあるため食事の時間になると1台しかないエレベーターが混み合う
エレベーター
しかも車いす1台しか乗れない
そのため食事の提供に時間がかかってしまうようだ
Waiting…
前の施設はフロアごとに食堂があったのでエレベーターの台数や大きさなんて気にしていなかった！
盲点だった…
夜もトイレに行きたくて呼んでもすぐには来てもらえないんだよ…
順番に行きますんで！
夜は職員さん一人体制
イラ
イラ
イラ

それは前の施設も同じだったでしょどこも人手不足なんだよねきっと…
でもさ～！お母さんだいぶ前よりすわれるようになったよね！
話題すりかえ～
家にいるころは自分でベッドに腰かけたりできなかったのに！
そうだよ！前は5分もすわってられなかったのに！
今は1時間もすわれるなんて！
なにげに褒めておく
そうよね！前よりは…
でもまぁ痛いんだけどね
は～～～あ
いろいろ不平不満はあるだろうけど入ったばかりで次のところをすぐに探すなんて無理！
施設の引っ越しの手続きだって大変なんだよ…
しばらくはごまかしながらやりすごそう
すわってるのもリハビリ！
長くすわれるようになるといいね

それから私たちは母のところへ毎週末行った
母の好きなカフェラテを必ず買っていく
今日は大福も買ってきたよ
CAFE LATTE
大福!? 甘いじゃない!
こんなに飲めないし食べられないわよ
ブー
そしたら残していいから
ん? もうちょっと飲めるかも…
もっ もっ もっ
もうちょっと食べられるかも…
もっ
CAFE LATTE
完食。
からっ…
なんだかんだ文句言いつつペロリである
CAFE LATTE
そうそう トイレに連れていってもらって用を足してる間職員さんいつもどっか行っちゃってなかなか戻ってこないのよ～
始まった! 愚痴モード…!

立ったまま待たされて本当につらいのよ！
まだなの〜？
用を足している間も職員さんは用事があるんだね忙しいんだよきっと
おしり出したままよ
もうがまんできなくて
あいたたた…
自分でズボンはいて車いすに戻って
自分で車いすこいで部屋に帰ったのよ！
キコ
キコ
自分でできるんか〜い！
すごいじゃん！やればできるじゃん！
まぁでも転ばないように気をつけてよ？
ふんぬっ
それでね昨日の夜ここにお父さんが挟まってて…
壁とベッドの隙間（15cmくらい）
え？ベッドと壁の間に!?
※父はもう亡くなっています

何してるの?って思ったわ
Hello!!
想像したら笑えた
うぷぷっ
母はときどきありえないことを言いだす
夜 女の子が廊下を走り回ってるのよ
笑ったのは
私の膝に入れ歯がかみついてくるの!
ガチッ
ガチッ
ぶはっ
幻覚を見たりするのは調べるとレビー小体型認知症だろうか?と思うのだが何年も前からこんな感じなので
夢見たんだね~
あははは…
夢のせいにしていた
病院にも連れていきたいけど
待つのイヤ。
MRIもうるさいからイヤ。
薬がふえるのもイヤ。
私たちも連れていくのが大変
もうちょっと落ち着いてから考えよう
はぁ…

今になって後悔していることといえば
銀行や保険などは元気なうちに整理しておけばよかった
普通預金 B信託銀行
普通預金 C銀行
普通預金 A銀行
保険証書
本人が行けばすんなりすむことが代理人だとめんどくさい！
そしてなんといっても施設探し！
元気なうちに母と見に行っていたら
もっと気に入ってくれる施設に出合えたかもしれない
もっと医療やリハビリなど充実した施設を見つけられたかもしれない
反省
元気なうちはそんなことあと回しにしていたけど向き合うべきだった
介護は突然やってくる
は本当だった。

「親の介護」は施設入居がゴールじゃない。子どもの役割は続きます

太田　まずはお疲れさまでした！　でも、施設に入居したって「親の介護」が終わったわけじゃないですよね。

月野　それはめちゃくちゃ痛感しています。母の不満のはけ口になるために毎週のように顔を出していますから。

太田　すごい！　毎週、行っておられるんですね。きっと、お母さまは心強いでしょうね。親の施設入居後の子どもの役割はおもに3つあります。1つ目は精神的なサポート役。とくに入居してすぐは、話を聞いてあげるだけでも親御さんはほっとされるでしょう。2つ目は施設との窓口の役割。親の不満や要望があるなら、それを施設

側に伝えます。3つ目はお金の管理。ここはきょうだいの間にトラブルが起きないようオープンにしておきたいですね。その他、**身元保証人**になるケースも多いでしょう。

月野　実を言えば、いま入居中の施設から別の施設に移ることも考えているんです。でも母には認知症のような症状もあるので、環境が変わると悪化しそうだし……迷っています。

太田　お母さんが「ここはイヤだ。ほかに移りたい」というなら悩ましいですね。例えばどのような施設を考えているのですか？

月野　**特養**に入るという選択肢もあるかなと思いました。母はまだ要介護2ですけれど、要介護3になったら検討してもいいかもしれません。でもなかなか入れないんですよね？

太田　状況にもよりますが、場所を広げて探せば、待機期間の短い特養もあるかもしれません。ところで、特養を検討されるのは、経済的なことからですか？

月野　それもあります。長生きすることを考えると、やはりお金が心配なので。

●**施設の身元保証**
費用の支払いの保証、治療などの意思決定の役割、緊急時の連絡先、亡くなったときの引き取りなどさまざまな役割がある。

●**特別養護老人ホーム**
通称「特養（とくよう）」、正式名称「介護老人福祉施設」。常時介護が必要な人のための公的な施設。24時間体制で生活支援や介護を受けられる。入居申し込みができるのは原則、要介護3以上。

介護で休む場合に使える！ 介護休業&介護休暇

	介護休業	介護休暇
利用できる人	要介護状態にある対象家族を介護する労働者	
手続き	原則、**2週間前**までに書面で勤め先に申し出る	**当日の申し出**でもよい
対象となる家族の範囲	配偶者（事実婚を含む）、父母、子、配偶者の父母、兄弟姉妹、孫	
休める日数	対象家族1人につき**通算93日**まで、3回を上限に分割可能	1年に**5日**まで（対象家族が2人以上の場合は10日まで）。1日、または時間単位で取得可能
給与	**原則無給**	

介護休業給付金で賃金日額の67%が支給

介護休業は基本的に無給ですが、職場に復帰することが前提なら雇用保険から介護休業給付金が支給されます。雇用保険の被保険者（開始前2年間に12カ月以上）であることが条件。受給できる金額は、休業開始時の賃金日額に支給日数をかけ、その約67%。申請は介護休業が終了した後、基本的には勤務先を通して行います。

ざっくりとした計算ですが、給与が月額約20万円の人には約13万円支給されます！

太田　所得が少ない場合、特養は月々の費用がお安くなるので、長期的に考えると安心です。ただし、年金がわずかというお年寄りでも、利用料が軽減されないケースがあるんです。「**資産要件**」というのがあって、年金収入は同じでも、資産の額によって、料金が変わってきます。同じ居室で同じサービスを利用しても、月7万円くらいの人がいる一方、15万円以上となる人もいます。

月野　それじゃあ、有料老人ホームと変わらない金額ですよね。わざわざ待って入る必要はないかも？

太田　そう考える人もいます。それもあって、特養の待機者が減っている自治体もあるようですよ。

月野　いろいろな制度があって難しいですね。あと、認知症が心配なのですが、認知症に向く施設はありますか。

太田　認知症の傾向があるなら、**グループホーム**も選択肢となるかもしれません。

月野　選択肢はいろいろあるんですね。母の状態も変化するかもしれませんので、様子を見ながら検討します。

●**資産要件**
所得が少ないと、特養の料金は軽減される。しかし、所得が少なくても、定められた一定額の資産があると、軽減を受けることができない。単身者で500万～650万円。夫婦の場合で1500万～1650万円。

●**グループホーム**
正式名称「認知症対応型共同生活介護」。要支援2以上で、認知症の人を対象とした施設。1つの住居に利用者は5～9人。家庭的な環境で、専門性の高い介護スタッフが介護にあたる。

太田　ところで、お母さまが住んでいた家は、いまどういう状態なのですか?

月野　片づけている真っ最中です。施設に持っていけるものなんてほんの少しなので、家具も衣類も大量に残っているんです。仕事の合間に妹と2人で荷物の分類をしたら、不要なものは全部**業者に処分**してもらう予定です。母は賃貸住宅でひとり暮らししていたので、「家を売る」などの悩みがないぶん、少し気が楽です。

太田　家の整理も大変ですけれど、ここまで、仕事に支障がなくてよかったですね。**介護休業制度**などは、使わなくてすんだのですか?

月野　有給休暇でなんとかなりました。私はパートなんですけど、介護休業って使えるんですか?

太田　ほとんどのケースでパートの方も使えます。雇用保険に入っていれば介護休業給付金として給与の67%が支給されるので、総務部などで確認しておくといいですよ。

月野　わかりました!　でも介護の世界って知らないことが多すぎて大変です。用語も難しいし、漢字も多いし。

●業者に処分を委託
親の実家の片づけを代行する業者も増えている。不用品の処分と室内クリーニングで、2LDKくらいの部屋なら12万~30万円程度(編集部調べ)。

●介護休業制度
仕事と介護を両立するための支援制度。介護休業、介護休暇などのほかにも、時短勤務、フレックスタイム制、時差出勤、残業の免除などを利用できる。法律に定められている制度なので、企業側は「職務規定にない」などとは言えない。

太田　だからこそ、プロを頼ることが大切です。地域包括支援センターでも、ケアマネでも、施設の人でも。専門知識をもつ味方を増やしていきましょう。

月野　そうですね。突然始まった介護はわけがわからないことの連続だったし、母はワガママだし、ストレスはたまるし本当に大変だったんですが、「これをあとでマンガのネタにしてやる！」と思うとがんばれました（笑）。

太田　そうそう、「仕事のネタになる」と思えれば、大変なことでも楽しめることってありますよね。この本を読んで、「介護はプロに頼って、サービスをいっぱい使えばなんとかなる！」と思ってくれる人が増えることを祈っています！

施設入居で20キロやせた父。弟の苦渋の決断を否定できず悩む

たびの風さん（60歳）東京都在住
父（87歳）千葉県在住／弟と同居⇒特養

母が亡くなってから、高齢の父の面倒は弟一人で見ていて、私は2週間に一度帰省して食事、掃除、洗濯、布団干しを担当。当時は仕事が多忙すぎて、これだけでも精いっぱいであとは弟まかせでした。

1年ほど前、父は急にトイレに間に合わないことが増え、毎日のように部屋を汚すようになりました。弟は「お父さんには自宅で最期を迎えさせたい」という思いで介護を続けていましたが、円形脱毛症がいくつもできてしまい、ストレスは限界に。父は入居1カ月前の審査で要介護3になったので、大急ぎで特養（特別養護老人ホーム）への入居を進めました。

しかし、評判のいい施設や交通の便がいい施設は待機者が多く、公共交通機関では行けない場所にある特養にしか入れませんでした。私は車が運転できないので、タクシーで行くと往復1万円。面会に行くたびに父はやせていき、入居から半年で20キロ減ってしまいました。父は「職員がキツイ」と涙ぐむこともあります。

ここに入れてよかったのかと心が揺れるのですが、限界までがんばった弟の決断を否定することになるような気がして、何も言えないのです。

珈琲東武
CAFE
open
まる～！こっちこっち！
久しぶり～元気してた？
いらっしゃいませ～
なかなか会えなくてごめんね
介護が始まっちゃってさ～
うちもだよ～
うちも！
このテーブル介護率100％じゃん！
うちは認知症も入っちゃって施設に入ってる
私が行くとどなた？って言われるよ
むなしいよね～
ちゅ～

うちの同居してる義父はデイサービスに行ってほしいんだけどなかなか行きたがらなくて…
今日も夕方ごはん食べさせなきゃだから途中で抜けるよ
お先にごめんね
ううっ！大変！
カフェラテ注文…っと
うちの母も施設に入ったんだけどみんなどのくらいの頻度で面会に行ってるんだろう？
うちは行っても誰っ？って感じだからあんまり行ってないよ何カ月かに1回とかかな
人それぞれなんじゃない？
距離や忙しさも関係するよね
親との相性とかもあるだろうし
なるほど
介護は無理して全部背負っちゃダメ！共倒れになっちゃうよ！
自分を第一に考えないと！
そうだよね
母親の介護が始まっていろいろなことに気づいたんだけど

独身のおじが介護になったら誰がみるの？
独身
子なし
母が死んだら仏壇とか誰も引き取らない場合どうすればいいの？
お墓があるとお墓の管理を子どもたちにさせるの酷だなぁ
その土地に縛られることにならないか？とか
星野家
不安がいっぱい…
母親を見てると…いつか自分もこうなるとしたら
ボケたくないよぉぉお！寝たきりはいやぁああ！
老後やっぱり2000万じゃ足りないよね!?
…とか
いずれは考えなきゃいけない問題が山積みじゃん！って気づいちゃって
どんどん暗い気持ちになっちゃって

わかる！
別の友人に久々に会ったときも
いや～久しぶり！
ずっと3老婆の介護してたもんで！
老婆!?
おばたちの面倒みてたのよ
おば1号
おば2号
おば3号
あるときおば2号の家を訪ねたら
部屋中💩だらけでさ～
ひいいいいいいっ
ぬり
ぬり
掃除しながら私の人間としての尊厳は？って思ったわ
壮絶すぎる！

こうやって気づけば50代
うちも
うちも〜
うちもよ
私の周りには親の介護世代が当たり前のようにいて
会うと必ず介護の話題になります
パサッ
私が死んだあとに子どもが困らないように
Ending Note
とりあえずエンディングノートでも書いておくかな〜
人はいつ死ぬかわからないもんね
備えあればなんとやらだ
母の介護から今後の人生のいろいろなことを見つめる機会になりました
とりあえず今私ができることを
よし!
ぼちぼちやっていきます

あとがき

母が動けなくなったあの嵐のような時期から、半年ちょっとが過ぎました。
短い期間でしたが家で介護したり、病院に連れていったり、施設を探したり、
そして実家の片づけ…
もろもろの手続きなどいまだに終わってないものもありますが、
なんとかひとつひとつ片づけていってます。

幸いにもきょうだい間でひとりに介護の負担がかかることなく、うまくやっているのと
同世代の友達にも介護経験者が多く、
話を聞いてもらい共感してもらったりすることで気持ちが楽に…
まわりの環境に感謝ですね。

母が動けなくなって付きっきりの介護を体験した時に、
このままずっとこの生活が続いたらと思うとうつ気味だった私ですが、
ひとりで抱えることはやめようと自分に言い聞かせ…

母にやさしく。自分にはもっとやさしく!

親子で共倒れにならないよう、のらりくらり介護でいきます。
読んでいただきありがとうございました。

月野 まる

〔監修〕
太田差恵子
Saeko Ota

介護・暮らしジャーナリスト。30年以上にわたり老親介護の現場を取材し、「遠距離介護」「仕事と介護の両立」「高齢者施設」などの情報を発信している。AFP（日本FP協会認定）資格も持ち「介護とお金」にも詳しい。『親が倒れた！親の入院・介護ですぐやること・考えること・お金のこと 第3版』『高齢者施設 お金・選び方・入居の流れがわかる本 第3版』（共に翔泳社）『親の介護で自滅しない選択』（日経BP）など著書多数。

〔著者〕
月野まる
Tsukino Maru

『かわいくないヤツら』で第1回pixiv × MFコミックエッセイ新人賞大賞受賞。長男と次男の反抗期や笑える日常を描いたブログが大人気を呼び、アメブロ公式トップブロガーになる。大ヒットの人気代表作に『ナイフみたいにとがってら 反抗期終わりかけ男子観察日記 1-4巻』（KADOKAWA）など。また『マンガでわかる お金に人生を振り回されたくないから超ビギナーが今すぐやること教えてください』（主婦の友社）のお金入門マンガも人気。

STAFF　ブックデザイン／千葉慈子、千葉柳助（あんバターオフィス）
本文デザイン／今井悦子（メット）
構成／神素子
DTP担当／天満咲江（主婦の友社）
編集担当／近藤祥子（主婦の友社）

ままならないアラフィフたち
介護《かいご》はじまりました

2024年12月31日　第1刷発行

著　者　月野《つきの》まる
発行者　大宮敏靖
発行所　株式会社主婦の友社
〒141-0021 東京都品川区上大崎 3-1-1 目黒セントラルスクエア
電話　03-5280-7537（内容・不良品等のお問い合わせ）
049-259-1236（販売）
印刷所　中央精版印刷株式会社
ISBN978-4-07-460718-1